強く生きたいと願う君へ

坂本光司
法政大学大学院教授

WAVE出版

はじめに

強く生きたい――。

これは、誰もが願うことです。

いま、私たちの国は、「これがかつて世界の多くの人々の羨望の的だった国なのか」と思うほどの閉塞感に包まれています。

バブル経済が崩壊して、すでに二十年以上が経過しましたが、私たちの国の経済は依然として低迷したままです。

経済活動の低迷は国民生活の面においても暗い影をもたらし、失業者ばかりか、精神障がいを患う社会人も年々増加し、自殺者も十年以上にもわたって三万人を上回っています。

加えて言えば、経済社会のなお一層のボーダレス化、グローバル化が進行するなか、限られた市場をめぐり今後一段と企業間の競争は激化していくと思われます。

この現実は、私たちに生き方の変更を迫っているように見えます。

とっくの昔に、「寄らば大樹の陰」といった生き方も通用しなくなりました。どんな大企業に勤めていても、倒産リスクから逃れることはできません。そして、多くの人がリストラの脅威《きょうい》におびえています。まさに、一寸先は闇。「負け組になってはならない」「競争に勝たねばならない」。多くの日本人が、言いようのない焦燥感と不安を胸に抱え込んでいるようです。

それだけに、「強く生きたい」という願いには切実なものが込められているように感じられます。

しかし、私たちが求めている強さは「本物の強さ」でしょうか？

私には、今こそ「強さとは何か？」「強く生きるとはどういうことか？」を問い直す必要があるように思えてなりません。

私は中小企業経営を専門とする研究者です。

モットーは現場主義。二十代のころから四十年以上にわたって、日本全国六六〇〇社を超える中小企業を訪問してきました。そして、数多くの経営者と接し、その生き様に触れてきました。

当初、私は大多数の中小企業が苦しい状況に置かれているのは、「政策が未整備だから」「景気が悪いから」だと思っていました。しかし、いろいろな会社を回っているうちに重要なことに気づきました。それは、同じような業種、規模、ロケーションにありながら、景気状況に左右されず長期的に立派な業績をあげている会社があるという現実でした。

「なぜ、その差が生まれるのか？」

私は、じっと観察しました。

そして、ひとつの原則を見出しました。それは、企業の長期的な業績は、経営者やリーダーの「人間性」や「生き方」をそのまま反映するということです。

最大のポイントは、「自律心」と「利他《りた》の心」です。

社員や取引先、お客さまをはじめとする関係者を幸せにしたい、世のため人のために役に立ちたいという「利他の心」を軸にしながら、他者に依存、追随《ついずい》せず、自分の頭で考え、自分の足で歩き続ける。そんな姿勢を貫く経営者やリーダーのいる会社は持続的に成長するのです。

もちろん、企業といえども生き物ですから、いいときもあれば悪いときもあります。

しかし、たとえ経営状況が悪くなっても、「景気が悪い」「政策が悪い」「大企業が悪い」「社員が悪い」と他者を責めるのではなく、「自分はどうすべきか？」と考え、誰よりも努力し苦労する。自分が生き残るために利益の確保を最優先にするのではなく、あくまでも関係者の幸せを第一に考える。だからこそ、画期的なアイデアも生まれ、周りの人々も力を貸そうと思う――。

そのように成長の年輪を刻んだ会社は、多少のことがあってもビクともしない強さを身に付けるようになるのです。

逆に、社員や取引先を大切にしない経営者や、利益や業績向上だけを追求する経営者はいつか行き詰ります。経営においてもっとも重要な財産である「人」が離れていってしまうからです。私の研究した限りでは、そのような経営で長期にわたって安定した会社は存在しません。たとえ一時は増収増益を続けていたとしても、業績が下降するのは時間の問題なのです。

それは、まるでこの世に神様がいるかのようです。

会社の強さの根源は、経営者の「生き方」にある――。

私は、三十歳になるころにはそう確信していました。

しかし、実績もたいしてない私の主張は学会ではほとんど受け入れられませんでした。当時、学会の主流派は、「中小企業問題は、中小企業政策の欠如や大企業との格差こそが最大の問題だ」という認識だったからです。そのため、私の主張は異端中の異端でした。「右翼か？」「左翼か？」と言われ、ときには「変人」と呼ばれることさえありました。

それでも、私は主張を曲げることはありませんでした。なぜなら、自分の眼で見てきたことを根拠にしていたからです。とはいえ、正直に言えば、ひとりになったときに、ふと、「本当にこれでいいんだろうか？」「本当は自分が間違えているんじゃないだろうか？」といった思いに沈むこともありました。

そんなときに、私を支え、導いてくれたのは、「自律心」と「利他の心」をもつ経営者や諸先輩方でした。

知的障害者雇用に生涯を捧げてきた日本理化学工業の大山泰弘さん、「いい会社をつくましょう」を社是《しゃぜ》として四十八年間増収増益を達成した伊那食品工業の塚越寛さん、島根県の石見銀山《いわみぎんざん》のふもとで義手・義足・装具を創り続ける中村ブレイスの中村俊郎さんをはじめ、私の理論を体現するかのような人物の存在に、私は力を与えられ、励まされてきました。だからこそ、学会主流に追随することなく、真に「世のため人のため」になると信じる論文や著作を発表し続けることができたのです。

そして、二〇〇八年。

あさ出版の佐藤和夫社長に薦められて執筆した『日本でいちばん大切にしたい会社』という本がベストセラーとなりました。長年、学会では見向きもされなかった私の主張が、一般社会によってついに認められたと感じました。

やっとわかってもらえた――。

それは、心の底からしみじみとわき上がってくる喜びでした。

時代は変わろうとしている。「経済第一主義」「利益第一主義」「金銭第一主義」といった価値観の誤りに多くの人が気づき始めた。そう勇気づけられました。

と同時に、新たな課題にも直面させられました。

読者の皆さまから驚くほどたくさんのお手紙やメール、お電話をいただいたのです。ご連絡をくださったのは、経営者だけではありませんでした。管理職、一般社員、学生、主婦、そしてリタイアした高齢者など実に多様な方々から声が寄せられました。

「おカネより大切なものがあると思ってきた私は、会社でずっと孤立していました。しかし、先生のご本を読んで自分が間違っていなかったと確認できました」

「過度な成果主義に疲れ果てて会社を辞めてしまいました。ご著作を読んで、これからの人生に希望がもてました」

「利益を確保するためにサービスを切り下げるように指示されています。お客さまのことを考えると、どうしても納得できません。しかし、上司に歯向かうこともできず……」

あるいは、こんな声もありました。

「ご本を読み通すのが苦しかったです。なぜなら、私はかつて社員をリストラしたことがあるからです。自らの自分本位な生き方を直視するのがつらかったです」

「私は〝業績のためには手段を選ぶな〟と部下を叱咤《しった》してきました。その結果、多くの部下たちを傷つけてきました。罪滅ぼしをしたい」

その一つひとつに悲痛な思いが込められていました。

それぞれに道に迷いながらも、真摯《しんし》に人生に向き合おうとする方々ばかりでした。

「こんなにも一生懸命に生きている人々、正しく生きようとしている人々がいるのか……」

そう思うと、目頭《めがしら》が熱くなりました。

そして、こうした人々を励ましたいという思いが込み上げてきました。それが、多くの優れた経営者に「人の生きる道」を教えていただき、自分なりの人生を歩むことができた私の使命ではないか――。

そう思って、本書を書くことにしました。

強く生きるためには、もちろん「力」が必要です。

しかし、それは他者を打ち負かす「力」ではありません。

世のため人のために役に立つ「力」にほかなりません。それこそが、本物の

「力」なのです。

そして、本当に強い人は、「勝ち負け」とは関係のない生き方をしています。できるだけ多くの人を幸せにするにはどうすればいいかを考え、実践し続けているのです。

お金や物的優位性を誇ることもありません。もっと「高い価値」を人生に求めているからです。

だからこそ、地に足のついた確かな足取りで人生を歩んでいけるのです。

人生に逆風はつきものです。しかし、こういう生き方をする人は、ちょっとやそっとのことでは折れません。周りにも支えられながら、いつか困難を乗り越えていくのです。

本書では、そうした生き方を貫いてきた経営者をはじめとする働く人々や、私自身の人生経験から学んだ「本当に強く生きる」ために大切にすべき一五のことがらをまとめました。ささやかなものではありますが、ひとりでも多くの皆さまのお力になれればそれ以上の幸せはありません。

坂本光司

強く生きたいと願う君へ●目次

第2章◎本質を見極める力をもつ

第3章◎喜びも悲しみもともにする

第4章◎人生でいちばん大切なものを知る

装丁◎石間淳
編集協力◎高関進
DTP◎NOAH
校正◎小倉優子
編集◎田中泰

第1章◎「なくてはならない人」になる

「なくてはならない人」になる。
それが、「力」をつけることだ。

1

「職場に希望を抱くことすら間違い……」

ここに、女性の読者から届いた一通の手紙があります。筆ペンでひと文字ひと文字丁寧《ていねい》に書き綴《つづ》られたもので、一目《ひとめ》みた瞬間に温かい気持ちにさせられました。書き手の誠実な人柄が身近に感じられるような気がしたのです。

そこには、こんなことが書かれていました。

私が働いているのは飲食業です。調理学校を出て、飲食業で働き、今現在二十四歳です。

飲食業は時間も、給料も、人間関係も、いろんなことが厳しく、アルバイトも、社員も、経営者であっても不満を常に抱いているという職場がほとんどだと思います。

もちろん厳しいとわかっていながら飛び込んだ職種ではありますが、雇用条件上、あまりに自分に余裕がないため、毎日息がつまりそうでした。

これまでずっと、職場に希望を抱くことすら間違いであると自分に言い聞かせてきました。いくつか職場を変わりましたが、その都度「これがわが社の伝統だから」ということで、理不尽なことでも受け入れてきました。そういうところで働いているうちに、そういった考えが染み付いたのだと思います。

読み進めながら、私は胸を締め付けられるような思いがしました。

おそらく彼女は、職場で「人」として大切にされていないのです。もちろん、私は決して、飲食業全般がそういう職場であるとは思いません。実際に私は、社員や仕入先、お客さまを心から大切にしながら、すばらしい経営をなさっているお店をたくさん知っています。しかし、利益のために社員をまるで〝道具〟や〝コスト〟のように扱っている会社があるのも事実です。

そう考えると、彼女の真心のこもった手紙が痛々しいものに見えてきます。きっと、彼女は相手を思いやる善良な心をもった人です。しかも、まだ二十四歳です。本来ならば、仕事の厳しさを教えられながらも、将来への夢に満ちているはずの年齢です。にもかかわらず、「職場に希望を抱くことすら間違い」と自分に言い聞かせなければならない。それは、あまりにむごいことではないでしょうか。

彼女は、そんなにつらい思いをご両親にも打ち明けていないかもしれません。しかし、それを知ったら、ご両親はさぞかし心を痛められることでしょう。

皆が下を向いている職場

私には、彼女の気持ちがよくわかります。

なぜなら、私も似たような経験をしたからです。

直接の上司ではありませんでしたが、一時、部下を「人」として扱わないような言動をする上司がいました。

ちょっとしたミスをしただけで、「また失敗したのか」「お前はこんなことも知らないのか」と大声で怒鳴《どな》る。ご家族に病弱な方がいて、しばしば休みを取らなければならない人には、「家族が病気だから休む？　何を君は考えているんだ！」とな じる。ときには、その人の人格まで否定するような物言いをすることもありました。

そして、上層部のご機嫌ばかりうかがっていました。上から現場を混乱させたり、過剰な負担をかけるような指示をされたときに、現場の「盾《たて》」となるようなことはただの一度もありません。それどころか、指示されたことをそのまま部下に強要してばかりいました。

私は、そこそこ仕事ができていましたし、鼻《はな》っ柱《ぱしら》も強かったので攻撃の的になることはそれほどありませんでしたが、多くの同僚は虐げられるように働いていました。みなが下を向いて、口もきかずに働くような毎日でした。そのような状態で士気があがるはずもありません。「こんなことは間違っている」。私は、怒りを覚えました。

「お互いに相手を尊重しながら、力をあわせてするのが仕事じゃないのか？　それが、人間として当たり前のことじゃないのか？」

しかし、当時の私は、社会人になったばかりの若造でした。だから、その職場を変えるだけの力がありませんでした。

「管理職になったら、自分が体験したイヤな経験を部下には決してさせないようにしよう。部下のやる気が出るようなことを率先してやる上司になろう」

ただただ、自分にこう言い聞かせる毎日でした。

その悔しさは、今も忘れることができません。

犠牲者の涙

もしかすると、このときの経験が、「社員を大切にする経営をしなさい」という私の経営論の原点となっているのかもしれません。

常々言っていることですが、会社経営において、まず第一に大切にしなければならないのは株主でもなければ、お客さまでもありません。何よりもまず、ともに働く社員を大切にしなければならないのです。

なぜなら、自分が働いている会社や職場に不平・不満・不信を抱いている社員が、お客さまに心のこもったサービスをすることなどありえないからです。そして、お客さまに喜んでいただけないのに、株主に還元《かんげん》するだけの利益を得られるはずがないのです。

利益や業績は、社員をはじめとする関係者を幸せにした結果として与えられるものです。ところが、経営者やリーダーが、「結果現象」である利益・業績を経営の第一目標と考えるがために、社員をまるで〝道具〟や〝コスト〟のように扱ってしまう。ムリな売上ノルマを社員に課したり、コスト削減のために現場に過度の負担をかけるという愚を犯してしまう。その結果、多くの人々を不幸にしながら、経営そのものも悪化させるという悪循環に陥ってしまうのです。

ですから、本来、変わらなければならないのは経営者でありリーダーです。しかし、そのことを立場の弱い人々が指摘し、彼らの行動を変えさせるのは、とても難しいことです。そのために、これまでいったいどれだけの人々が涙を流してきたことでしょうか。手紙をくれた女性も、その犠牲者なのだと思います。

人の役に立つ力が「本物の力」

ただ、自らの境遇を嘆いていても幸せになることはできません。

あるいは、それを周りのせいにしていても道は拓けません。その気になれば、「上司が悪い」「社長が悪い」といくらでも言えるでしょう。しかし、たとえそれが真実であったとしても、〝誰かのせいにする〟ことで自分の人生が変わることはありません。そのようなことに貴重な人生を費やすのは愚かなことです。

それよりも「力」をつけることです。

私は、生きるうえでもっとも大切なのは「優しさ」だと思っています。しかし、残念ながら、単に「優しい」というだけでは、この世の中を生きていくことはできません。そして、単に「優しい」だけでは、自分が理想とする職場や社会をつくりだすこともできません。そのためには、どうしても「力」が必要なのです。

しかし、それは他者を打ち負かす「力」ではありません。世のため人のために役に立つ「力」にほかなりません。それこそが、本物の「力」なのです。

そして、そのような「力」をもちたければ、仕事に真摯に向き合うことです。

あらゆる仕事は人間のためにあります。あらゆる仕事の先には、何かに困っている人や、助けを求めている人が必ずいます。

どうすれば、その人たちの役に立てるだろうか？

どうすれば、その人たちを少しでも幸せにすることができるだろうか？

このことをひたすら追求するのです。そして、コツコツと努力を続けるのです。

そうすれば、いつか私たちは「なくてはならない存在」になることができます。「あなたがいなければ、会社がうまく回らない」「あなたがいないと、お客さまに満足してもらえない」という存在になることができます。

そのとき、私たちは「力」を手にすることができるのです。

2

仕事を正しく定義する。
そこに、「生きる道」が拓ける。

〝でもしか〟で決めた就職先

私はかつて、特にやりたいこともなく、「志」と呼べるようなものもない平凡な若者でした。

就職活動では、大手企業など数社からも内定通知をいただいたのですが、迷いに迷った末に、〝でもしか〟といった感じで地元・静岡県内にある公共産業支援機関に就職しました。父親が中国からの引揚者《ひきあげしゃ》で身体も弱かったこともあり、家を継ぐ必要があったのです。

この機関は、県内の中小企業を調査したり支援したりするところで、私は中小企業を回って「景況調査」をリポートとしてまとめる仕事を任されました。

最初のころは、右も左もわからないまま、週に十社ほど中小企業を回り「何か困っていることはありませんか?」「景気はどうですか?」と御用聞《ごようき》きをすることくらいしかできませんでした。たまに経営者の方から相談を受けても、「県や国にはこんな助成制度があります」とパンフレットを見せて説明するのが精一杯でした。

しかし、いろいろな会社を訪問する毎日は、私にとって衝撃の連続でした。

ある会社を訪問すると、経営者とその奥さんが出迎えてくれました。お二人も社員と一緒になって働いていますから、顔中に煤《すす》がつき、鼻の穴も爪の中も真っ黒になっていました。そして、切羽詰《せっぱつ》まった表情でこう訴えられるのです。

「今でさえろくに利益が出ていないのに、発注主からまたコストダウンの指示が来ました。このままでは、あそこで頑張ってくれている彼に辞めてもらわざるをえません。なんとか助けていただけませんか？」

この会社だけではありませんでした。多くの経営者が苦しんでいました。

「今までやっていた仕事のラインを中国に移すことになったと急に言われて、仕事がゼロになった」

「来月の手形がどうしても落とせません。なんとかならないでしょうか？」

このような話を事務所でひとしきり聞いてから工場に入ると、そんな事情などまったく知らない社員たちが、油まみれ、汗まみれになりながら一生懸命働いています。しかも、その多くは、おじいさんやおばあさん、主婦の方たちでした。

私は呆然《ぼうぜん》とするばかりでした。

「こんな世界、こんな現実があったのか……」

「こんなに頑張っても報われない人たちがいるのか……」

下請企業が品質不良や納期の遅れを起こしているわけではなく、ただ大企業がいい加減な経営をしているがゆえに、いつもいつもコストダウンを強いられているのは断じておかしいと思いました。

目の前で血を流している人を放っておけない

私は、職場に戻って上司に相談しました。

「どうすれば助けてあげられるでしょうか？」

「何とか力になってあげることはできないでしょうか？」

しかし、上司の反応は冷たかった。

「そこまでやる必要はない。それよりも、早くリポートを出せ」

その一点張りでした。

たしかに、私に課せられた仕事はリポートを書くことです。「中小企業は厳しい状況にある。仕事量が平均三十％減っている」というリポートを書けば職務遂行《しょくむすいこう》となります。そして、そのリポートが、県庁や中央官庁で中小企業政策を立案する際の根拠となるのですから、重要な仕事ではあります。

しかし、だからといって、目の前で血を流している人たちを放っておいていいわけがありません。

なんとか、苦しんでいる経営者の力になりたい——。

その一心で、私は、彼らのサポートをするようになりました。「景況調査《けいきょうちょうさ》」という職務をきちんと果たしながら、経営者から頼まれれば、銀行や発注主との交渉に付き添ったり、資金繰り計画を作成したりするようになったのです。

「この仕事は何のためにあるか？」を深く掘り下げる

発注主の理不尽なコストダウンにどう対処すればいいのか？

銀行融資を受けたいが、事業計画書の作り方がわからない……。

経営者からは切実な相談が寄せられました。しかし、私にはわからないことばかりでした。大学では経営学を専攻していましたが、その程度の知識で中小企業の現場で起こっている問題を解決することなどできるはずがありません。上司や先輩に聞いても、まともな答えは返ってきませんでした。

だから、自分で勉強しました。

職務内外の仲間に声をかけ勉強会を立ち上げました。もちろん、例会はアフターファイブであったり、当時は土曜日は半日勤務でしたから土曜日の午後に行いました。

そして、頼まれたことに決して「ノー」と言わず、わからないことは人に聞いたり、本で調べたりしました。イチから勉強するのですから時間がかかりました。ひとつの問題に応えるのに一～二週間かかることはザラでしたが、それでも必ずフィードバックするようにしました。力及ばずお役に立てなかったこともありました。

しかし、それでも皆さんは心から喜んでくれました。

「坂本さん、ありがとう。ここまでやってくれるとは思わなかったよ」

「ほんとに助かった。坂本さんのおかげだよ」

思えば、このとき、私ははじめて「働く喜び」を知ったのかもしれません。

それが嬉しくて、私は、いっそう皆さんの役に立てるように勉強に励むようになりました。その積み重ねによって、少しずつ知識も身に付いていきました。

そのうちに、「すごく親切な人がいる……」「何かあったら、坂本さんに相談するといいよ……」という話が経営者の間で広まったのだと思います。職場にかかってくる電話のかなりの数が、私あての電話になりました。問題を抱えた多くの経営者が、職場にまで私を訪ねてくるようにもなりました。

それが、後に問題にもなるのですが、皆さんから寄せられた信頼が、私の自信となり、「力」となっていったのです。

今、こう思います。

もしも、あのとき、私が「自分の仕事は景況調査を行うこと」と定義づけていたら、まったく違う人生を送ったはずだ、と。

「苦しんでいる中小企業経営者を助けること」と定義して、その仕事を追求していったからこそ、今の自分がいるのです。「この仕事は何のためにあるか？」を深く掘り下げるかどうかで、人生そのものが大きく変わってしまうのです。

「人材」ではなく、「人財」になれ

これは、あらゆる仕事に言えることです。

たとえば、市役所の住民課の窓口で働いているとしましょう。そして、ある日、杖《つえ》をついたおじいさんが住民票を取りに来たとします。

自分の仕事を「住民票を手渡すこと」と考えている人は、「この申請書に名前と住所を書いて、もって来てください」と指示するだけで職務を果たしたつもりになるでしょう。

ところが、「窓口に来た人を幸せにしたい」と考えている人であれば、「杖をついているんだから、立ったままの姿勢で申請書に記入するのはつらいだろうな」ということに気づくはずです。そして、イスのあるところまで案内して、「ここに座って書いてくださいね」と言うことができます。老眼のために小さな文字を書くのがつらそうであれば、住所などを代筆してあげて、「お名前だけ書いてくださいね」と気を利《き》かせることもできるはずです。

このような考え方のできる人はおのずと勉強を始めます。

たとえば、住民票の窓口にきた高齢者の方と会話を重ねるなかで、自然と「何かお困りのことはありませんか？」という質問を口にするようになるはずです。もしかすると、ひとり暮らしで寂しく不安な生活を送っているかもしれません。そうであれば、適切な福祉サービスを紹介しようとするでしょう。そのためには、その自治体で行っている福祉サービスについても勉強しなければという気持ちになります。その高齢者が住宅に問題を抱えているようであれば、それに関する施策《しさく》についても勉強するでしょう。このように、目の前の人のことを親身《しんみ》になって考えるところから、その人は、住民課の業務に関する知識だけではなく、さまざまな〝役に立つ知識〟を身に付けるようになるのです。

これが「仕事の深堀《ふかぼ》り」です。

この「仕事の深堀り」ができる人は、必ず住民（民間企業であればお客さま）のなかで評判になります。場合によっては、「住民課の○○さんは、とても丁寧な対応をしてくれるので助かる」という声が市長にまで届くかもしれません。もちろん、そのために仕事をするわけではありませんが、そんなことがあれば素直に嬉しいですよね。

そして、こういう人こそが、「なくてはならない人」すなわち「人財」へと育っていくのです。

一方、「住民票を手渡すのが自分の仕事だ」と思っている人は、どんなに真面目《まじめ》に仕事をしても単なる「人材」にしかなれません。「人材」とは「なくてはならない人」ではなく、「取替え可能な人」です。厳しい言い方になりますが、自動で住民票を交付する機械が導入されれば、その人は不要になってしまうのです。

「人財」へと育つか、「人材」に留まるかを決定するのは、その人が自分の仕事をどのように定義するかという一点に尽きると言っても過言ではありません。そして、自分の仕事を正しく定義する第一歩は、目の前にいる人の役に立つ、目の前にいる人に喜んでいただくという気持ちをしっかりともつことです。

多くの場合、仕事とは与えられるものです。

与えられた仕事がつまらなく思えることもあるでしょう。自分がやりたい仕事ではないかもしれません。しかし、どんな仕事にも社会的意義があります。その仕事をする人がいなければ困る人がいるのです。あるいは、その仕事をすることで幸せになる人がいるのです。このことを実感できるまで、目の前の仕事を深堀りしてみてください。

掘り続ければ、いつか必ず、あなたの前に「生きる道」が見えてくるはずです。

いま戦うことが、
強い生き方とは限らない。

3

無益な反発はしない

誰もが正しく生きたいと願っています。
しかし、それは決して容易なことではありません。そのことを、改めて思わされた一通のメールがあります。『日本でいちばん大切にしたい会社』を読んだ若いサラリーマンから寄せられたものです。読んでみてください。

私は大手企業の外注課に勤めている者です。本を読み、居ても立ってもいられない気持ちでメールをしました。
実は上司から下請企業に二ケタのコストダウンを指示されて悩んでいます。私の会社は低下したとはいえ、いまだ五%以上の利益が出ています。しかし外注企業の大半は、赤字か、せいぜい一%程度の利益しか出していません。わが社では下請企業への発注単価を決めるときは、それだけで十分、社内に利益が残る単価で発注しています。

この不景気に下請企業に大幅な圧力をかけるのは正しくないと思います。誰かの犠牲の上に成り立つ産業組織は、決して長続きしないと本にも書いてありましたが、私もその通りだと思います。私はどうしたらよいのでしょうか？

私は、このメールにどうお応えしたらいいか、すぐに答えが出せませんでした。彼は、私の主張を正確に理解し、正しいことをしようとしています。

私は常々、「外注企業の社員とその家族は、材料やコストではなく社外社員であり、社員同様に大切にしなければならない」と説いてきました。なぜなら、発注者に愛着心や協力心がなければ、外注企業が心を込めて仕事をしてくれるはずがないからです。それでは、とてもお客さまに喜んでいただける商品やサービスを生み出すことなどできません。

ところが、多くの企業は外注企業をまるで虫けらのように扱ってきました。不況の度に、「言うことを聞かなければ、仕事を引き揚げる」という脅しを背景に、道理の通らない理不尽なコストダウンを強いてきたのです。それが、どれだけ外注企業で働く人々の心を傷つけてきたことでしょう。そこに生まれるのは、愛着心や協力心とは真逆の憎悪と反発です。

しかし、今、彼が上司の指示に反旗《はんき》を翻《ひるがえ》すことで、幸せになる人はいるでしょうか？　それは上司の方針ではなく経営層の方針です。おそらく、彼がいくら反発しても上司の方針は変わりません。辞表を武器にしたとしても、盾になることはできないでしょう。そして、会社に残ったとすれば組織の中で居場所を失っていくことでしょうし、もし潔《いさぎよ》く退職したとしても、それで彼が得るものはないでしょう。

それどころか、外注企業にとってみれば大切な「味方」を失うことになってしまうのです。それは、あまりに無益なことといわざるを得ません。

正しいことをするには、地位を高める必要がある

ここまで考えたとき、私はかつての自分を思いだしました。

あれは、私が公共産業支援機関を退職して、ある大学に専任講師として採用されたばかりときのことです。

その日、私は教授会に参加しました。そこで、その年度の研究費の配分について説明があったのですが、それは理不尽きわまりないものでした。

書籍購入費が、教授は五十万円、助教授は三十万円、講師は二十万円、そして助

手は十万円だというのです。それはおかしいと思いました。なぜなら、若い人こそ、多くの書籍を読み込んで、もっとも勉強しなければならないはずだからです。その若い人がたったの十万円で、多くの給料をもらっている教授や助教授が潤沢《じゅんたく》な予算を手にするのはどう考えてもおかしい。私は、その場でこう発言しました。

「おかしいじゃないですか。下に厚くするのが大学人としてやるべきことではないですか？　助手の方々に予算を多くつけてあげるべきと思います」

もちろん、黙殺《もくさつ》されました。いま考えれば、当たり前のことです。大学に勤めはじめたばかりの私が、教授たちの既得権《きとくけん》を脅《おびや》かす発言をしたのです。その後、ある教授に呼び出されこう言われました。

「講師はオブザーバーとして参加しているにすぎない。発言権もないのに、あのようなことを言うべきではない。君は当分、助教授や教授にはなれないだろう」

これは、正直悔しかった。そして、「正しいことをするには、地位を高めなければならない」と思いました。

それから、私は歯を食いしばって研究にまい進しました。中小企業のフィールドワークを続けながら、年間十本以上の論文を書き、年間四〜五冊の本を出し続けました。そのうち、「中小企業経営の分野に坂本あり」と少しは言われるようになり、大学に来てから誰よりも早く教授になることができました。

そして、教授になった最初の教授会で再び、「研究費の分配を変えましょう。若い人に厚くしましょう」と呼びかけました。会議が終わってから、若い先生方は「先生、よくぞ言ってくださいました。感謝します」と声をかけてくれました。しかし、やはり私の意見は黙殺され続けました。三年待ちましたが、結局、予算の分配方法を変えることはできませんでした。自らの無力を噛《か》み締《し》める毎日でした。

そして、尊敬する先生から声をかけられたこともあり、私は別の大学に移籍することになりました。辞表をもっていったとき学長や理事は青ざめていました。そのころ私は誰よりも自由度と多くの研究予算をつけてもらっていたからです。

私は、このときのことを決して後悔はしていません。書籍代に四苦八苦している若い人が目の前にいたのです。その人たちのために、間違った教授会の方針を黙認するのは単なる保身にすぎません。だから、私はあえて異論を唱えました。

しかし、そのために私が傷ついたのも事実です。その悔しさからなおさら研究活動に力が入ったという側面もありますが、わざわざ自らを傷つける言動を、メールをくれた若者に薦《すす》める気持ちにはなれません。

しかも、彼は組織人としての振る舞いを求められるサラリーマンです。比較的独立性の高い研究者とは違い、組織の決定に背《そむ》けば〝殺されて〟しまいます。それよりも、今は耐えるときです。そして、正しいことを行うためにも、その会社で「力」をつけて地位を高めるべきなのです。

その「力」とは社内政治力のことではありません。それは「知的パワー」です。「その人をもってほかには代えがたい」という知識や能力を磨き上げるのです。「力」のない人がいくら発言したところで、負け犬の遠吠えにすぎません。しかし、代替《だいたい》のきかない「人財」となり組織に対する影響力を高めていけば、必ず正しい行いを貫くことができるようになります。それこそ、「自律する」ということなのです。

依存を脱し、自律する

そんな生き方をした人は、この世にたくさんいらっしゃいます。

ひとりの中小企業経営者のエピソードを紹介しましょう。

近藤さん（仮名）と出会ったのは、私が公共産業支援機関に勤めていたときのことです。浜松市で自動車の部品をつくっている近藤さんの会社を訪問したときに、こんな相談を受けました。

「オイルショックの影響で、親会社から二桁《ふたけた》のコストダウンを申し渡されてしまいました。いったい、どうしたらいいんでしょうか……」

すでにその会社は赤字でした。さらにコストダウンを強要されれば、深刻な事態になるのは目に見えていました。しかし、私は、「今回は甘んじてコストダウンを受け入れたほうがいいでしょう」とアドバイスしました。

なぜなら、仕事の九割がその親会社からの受注だったからです。もし、コストダウンを拒否して仕事を引き揚げられたら、社員を路頭に迷わせてしまうことになります。なんとか努力をして、コストダウンしても赤字幅を増やさないような体勢をつくって、危機をしのぐしかありません。

ただ、こんなことはもう三回目でした。次の不況がくれば、また同じことが繰り返されるに違いありません。だから、私はこう励ましました。

「今度、コストダウンを要求されたら断りましょう。そのためには、その会社への依存度を二〜三割に下げなければなりません。技術者を採用し、独自の技術力を高めるのです。設計も自分でできるようにして、独自技術を図面に盛り込めるようになれば、もっと自律的な経営ができるようになります」

その方は、懸命に努力をしました。そして、技術力を高めることで、着実に一社に依存する経営体質からの脱却を進めていきました。

それから六年後――。

再び例の発注企業からコストダウンの要請が来ました。しかし、そのときには依存度は二割にまで減っていました。「またか」と思った近藤さんは、親会社の担当者にこう言い渡しました。

「仕事を引き揚げてくださって結構です。今まで利益率ゼロでおたくの仕事をやってきましたが、それは、これまでお世話になった御礼のつもりでした。しかし、これ以上のコストダウンを受け入れることはできません」

そう言われた発注企業は、「代わりはいくらでもいる」と即座に発注停止を決定しました。そして、「これをつくってほしい」と図面をもって、付き合いのある外注企業を回りました。しかし、どの会社も「どうしてもできない」と言います。そこで、発注企業は社内でなんとかしようとしましたが、やはりつくることができません。それはそうです。その図面には、近藤さんが社員とともに苦労して築いた独自の技術が注ぎ込まれていたのですから……。

その間にも製品はどんどんと出荷されていきます。部品の在庫はどんどん減っていきます。そして、ついに部品の在庫が底を尽きそうになったとき、困り果てた発注企業は泣きついてきました。その会社の購買部長が菓子折りをもって近藤さんのところに謝りに来たのです。そして、「なんとか仕事を引き受けてほしい」と懇願《こんがん》しました。ただし、コストダウンの要請は以前と変わりません。近藤さんはこう応えました。

「きっと、コストダウンをしないと、そちらも価格競争に勝てない状況なのでしょう。それはわかります。しかし、わが社ではこれ以上コストダウンすることはできません。この機械は、あなたの会社の部品をつくるための専用機としてつくったものです。うちではもうつくるつもりはありませんから、お譲りしましょう」

そして、発注企業は別の外注企業の工場にその機械を設置しました。しかし、それでもやはり製品をつくることができませんでした。なぜなら、その機械を扱うには高度な技術者が必要だったからです。そこで、近藤さんは技術者を派遣することに同意し、発注企業はようやく製品がつくれるようになったのです。

まさに、立場逆転。私も近藤さんの頑張りに心から拍手を送ったものです。


この話には、後日談があります。実は、今、両社は取引を再開しているのです。というのは、かつて菓子折りをもって謝りにいった購買部長さんが社長になり、外注企業との関係を改めたからです。その姿勢に共感した近藤さんは、それまでの経緯《けいい》を水に流して、再びその会社とともに製品をつくることにしたのです。

素敵な物語ではないでしょうか。

私は、近藤さんのような生き方こそ、本当に強い生き方だと思います。六年もの間、発注企業の理不尽に耐えながら、「ほかには代えられない」だけの「力」を身に付けていき、ついに理不尽な要求を跳《は》ね返《かえ》したのです。

それだけではなく、改心した相手を許し、取引を再開する心の広さももち合わせていました。そのような優しい心をもっている方だからこそ、社員も苦しみをともにし、ともに戦おうという気持ちになったのでしょう。社員の協力がなければ、近藤さんが「ほかに代えられない」だけの「力」をもつことはなかったはずです。
そして、かつて近藤さんにお詫びを入れた購買部長さんも、なかなかの人物だと思います。おそらく、彼は近藤さんとの付き合いのなかで自らの過ちに気づいたのでしょう。そして、コツコツと努力をして社長になったときに、それまでの間違った経営方針を一新させたのです。
彼も、強い人物だったのです。

理不尽に耐えるのも強さ

ここまで思い至ったとき、私は冒頭のメールに返事を書きました。それは、こんな文面です。

力をつけてください。力をつけてください……。そしていつの日か、あなたの正しい言動が、会社の方針に変わることを私は夢見ています。

理不尽なことに従わざるを得ないのはつらいことです。

しかし、むやみに戦うのが本当に強い人間のすることではありません。それよりも、自らが正しいと思うことを貫けるだけの「力」をつけることです。それまでの間、理不尽に耐えるのも強さなのです。

もちろん、単に上司の方針に従えばいいというわけではありません。外注企業に対して、今の彼にもできることはあります。

一社一社を回って、「本当に申し訳ございません。かわりに十%のコストカット計画を一緒に立てさせてほしい」と申し出てもいいでしょう。あるいは、「この会社はギリギリの状態で協力してくれています。すぐにコストダウンすれば倒れてしまうかもしれません。なんとか、半年の猶予《ゆうよ》をいただけませんか」と上司に交渉してもいいでしょう。やれることは、いくらもあるのです。

時間はかかるかもしれません。

しかし、正しく努力をすれば必ず理不尽な物事をただすことができます。

いま戦うことが、必ずしも強い生き方というわけではないのです。

第2章◎本質を見極める力をもつ

人の器はみな同じ。
そこに、何を入れるかで人生は決まる。

4

消耗戦から抜け出す「武器」をもて

知識は「武器」です。

自分を最大限に活かすためには、この武器を正しく身に付けなければなりません。しかし、多くの人々が、武器を手にすることなく、あるいは誤って身に付けることで、無益な戦いに巻き込まれ、人生を消耗《しょうもう》させていきます。

中小企業が絶対にやってはいけない競争があります。そのひとつが「価格競争」です。現代の日本において「価格競争」は自殺行為です。人件費がおそろしく低い海外企業との競争で勝てるはずがありませんし、必然的に消耗戦になるために、一時はしのぐことができたとしても最終的には体力のあるものが勝つことになります。

ところが、多くの中小企業が「価格競争」に巻き込まれているのが現状です。特に、製造業の下請けをしている企業にその傾向が強いといえます。そうした企業の営業マンは苦しい状況にあります。発注企業からは、「ネジを十円に下げてくれたら、おたくから買うよ」と迫られ、会社に戻れば「そんな安い価格じゃ赤字になる」とつき返される。そんな板ばさみのなかでもがく本当にたいへんな仕事です。

しかし、「武器」さえあれば、そこから抜け出すことができます。

たとえば、発注企業を訪問したときに〝モノを売ろう〟とするのではなく、「この部品を海外生産することをご検討だと伺いましたが、少し慎重にされたほうがよろしいかと思います。最近は世界最適購買《せかいさいてきこうばい》を考えている企業が多いのですが、その結果、知的財産権の管理が甘い海外で図面がばらまかれてしまうこともあります。先日、中国に行ったときにも、御社とまったく同じ製品をつくっている会社がありました」などと提案するのです。このような情報と見解《けんかい》を適切な資料や証拠とともに示せば、発注企業としても無視はできなくなります。むしろ、「この人は、自分たちよりも、もっと広い視点でわが社のことを考えようとしてくれている」と信頼を寄せてくれるはずです。そして、「これからもこの人と付き合うためには、この会社から商品を買ったほうが得策だ」と考えるようになるのです。

知識が〝わらしべ〟になる時代

実際、私の周りには、この「武器」を手に活躍している人が何人もいます。

ある銀行マンのエピソードを紹介しましょう。彼は、どちらかというと社内では目立たない存在でした。決して営業成績もよくはありませんでしたし、際立《きわだ》った能力も見当たらない平凡な社員だったのです。

そんな彼が、取引のある中小企業を訪問したときのことです。その日の仕事は、社員の預金を集めることだったので、社長と話すべき用事はなかったのですが、「少しだけお時間をいただけませんか」と面談を申し入れました。

彼は、数週間にわたってその会社の製品、市場動向などを丹念《たんねん》に調べ上げて、今後の展望や課題についての意見をまとめていました。それを、社長に手短《てみじか》に報告したのです。すると社長は、「こんな提案、聞いたことがない」と驚き、それからもちょくちょく彼を呼び止めては話をしたがるようになりました。何度も情報交換をするうちに、ついにはその社長は銀行の支店長に電話をして、「おたくをメインバンクにするから、彼をもっと頻繁に寄こしてくれ」と頼むまでになったのです。

さらに、しばらくすると、社長は支店長にこんな依頼をしました。

「彼は、非常に優秀だから、申し訳ないけれど、うちに一年間でいいから出向してもらうことはできないか。もちろん、給料は全額うちが負担します」

その支店長は、その電話を受けて、はじめて「彼はこんなにも優秀だったのか」と知ったそうです。支店長は事の経緯を本社に報告し、この話は頭取《とうどり》の耳に入りました。頭取も、「そんなにスゴいやつがいるなら、ぜひ会いたい」と言い出し、なんと現場の一営業マンが頭取と会うという事態にまで発展しました。

その場で頭取に「出向の話があるが、どうするね?」と尋《たず》ねられた彼は、「銀行のためになるなら、行かせていただきます」と応えました。そして、「その会社を上場させるところまでもっていきたいと思います」と述べたそうです。

彼は出向して以来、死に物狂いで働きました。そして、一部上場が現実味を帯びてきたとき、彼は銀行を退職し正式に中小企業の社員になることになりました。そのとき、頭取は「退職という形ではあるが、私は引き続き出向させていると思っている。困ったことがあればいつでも戻ってこい」と言ったそうです。

その後、東証一部上場を果たしたその会社で、彼は役員を務めるまでになります。その中小企業を財政的に支援してきた銀行にも多大な利益をもたらした彼は、実に幸せなビジネスマン人生を歩んだといえるでしょう。

いわば、〝わらしべ長者〟のような物語です。彼はもともと優れた才能をもっていたわけではありません。しかし、「知識」という〝わらしべ〟を中小企業の社長に手渡したときに、彼の人生は変わったのです。

情報に追いかけられるようになれ

では、「知識」を正しく身に付けるにはどうしたらいいのでしょうか？

まずは、数多くの情報に触れることです。ときどき「新聞を読んでいない」という人と出会うことがありますが、私は「空気を吸ってないのか？」と思います。情報社会である現代において、新聞すら読まないで生きていくことはできません。

「ネットニュースで十分」という人もいますが、私は賛成できません。新聞の優れた点は、あらゆる分野の情報が一覧できる点にあります。頁をめくりながら見出しを一通り見るだけでも、おおよそ社会で何が起こっているのかを把握できることが重要なのです。〝専門バカ〟は世間では通用しません。それでは、世間話のひとつもできませんし、〝常識のある人〟として認められることもないからです。

そして、「これは重要だ」と思う記事はスクラップします。もちろん、必要になったときに引っ張り出すためですが、実は、もうひとつ大きな効用があります。スクラップすることによって、その記事の内容を頭に刷り込むことができるのです。なぜなら、スクラップをするためには、その記事を三回は目にすることになるからです。新聞にざっと目を通しながら重要な記事に蛍光《けいこう》ペンでチェックするとき、その記事を切り抜くとき、そしてスクラップノートに貼り付けるときの三回です。この手間をかけることで情報が知識として定着します。それを継続することで、知識は地層《ちそう》を成していくのです。

さらに、複数の新聞・雑誌に目を通すことをお薦めします。最低でも新聞二紙以上と雑誌一誌以上に目を通すようにしたほうがいいでしょう。経済的に難しければ、早く出勤して、職場に届く新聞・雑誌を読めばいいのです。複数の媒体《ばいたい》に目を通すことによって記事の真贋《しんがん》を見極める目を磨くことができますし、同じ記事でも書き方が異なるためにバランス感覚を養うこともできます。

そして、これを習慣にしてしまうことです。毎日これを続けることによって、大きな変化が生まれてきます。私の場合には、若いころは新聞情報のほとんどは初めて接するものでしたが、次第に既知《きち》の情報が三割になり、五割になっていきました。今では約七割の記事が既知のことです。「なぜ今ごろ、こんな記事を書いているんだろう」「この会社の実態を知らないまま、褒《ほ》めている記事だ」などと思うことも少なくありません。いわば、記事が私を追いかけてくるようになったのです。

これには、ワケがあります。実は、そうした情報はメディアからではなく、人づてに伝わってくるのです。

情報には二種類あります。生の情報である一次情報と、誰かによって加工された二次情報です。新聞・雑誌の情報はすべて二次情報です。そして、一次情報は社会のなかに張り巡らせた人的ネットワークを通じてもたらされます。このルートが多様で太いものになれば、自然と新聞・雑誌の情報が既知のものとなっていくのです。

ただ、いきなりこのようなネットワークを築くことはできません。まずは、二次情報をしっかりと身に付けることです。二次情報すら把握していない人を、質の高い一次情報を提供してくれるキーパーソンは相手にしません。まずは数多くの二次情報を自分のものにしていくことが、一次情報のルートを築く第一歩となるのです。

もっとも重要なのは、情報を集める「目的」

もちろん、やみくもに多くの情報に触れても「武器」にはなりません。

人間の脳の容量《ようりょう》には限界がありますから、あらゆる情報をインプットするわけにはいきません。頭に入れておくべき情報のみをインプットして、不要な情報は捨て去る必要があります。そして、意味のある情報を蓄積《ちくせき》したときに、はじめて知識は「武器」になるのです。

そのためにもっとも重要なのは、「何のために知識をもつのか」「仕事を通して誰の役に立つのか」という目的をしっかりともつことです。

私の場合であれば、「中小企業をよくしたい」「経営に苦しんでいる中小企業を助けたい」ということが目的です。その思いが本物であれば、おのずと中小企業の役に立つ情報を深く掘り下げるようになります。目の前にいる困っている経営者の役に立つためには、そうせざるを得ないのです。

私は、「目的」に照らして本質的ではない情報はどんどん捨てています。

たとえば、人に聞いたり、何かで調べればわかることは、細かいことまでは覚える必要はありません。日本にいくつ工場があるかなどといったことは、『工業統計調査』（経済産業省）をみればわかるのですから、いちいち正確な数字を覚えておく必要はないのです。細かい情報にやたらと詳しい〝情報オタク〟になったからといって、中小企業の役には立てるわけではないからです。

あるいは、専門分野の情報は深く掘り下げて頭に入れますが、周辺分野のことは「見出し情報」をインプットするだけで済ませます。たとえば、中小企業の動向や、中小企業に関する制度などについては詳細《しょうさい》な知識を頭に入れますが、大企業の動向などはよほど重要なものでなければ詳細までは覚えません。「見出し」さえ覚えておけば、必要になったときにスクラップから引っ張り出せばいいのです。

こうして、「あれもこれも一応知っているけれども、深く知っているのは専門分野のみ」という形をつくっていきます。私は、これを「T型の情報インプット」と呼んでいます。Tの上部の横棒が「あれもこれも一応知っている」部分に当たり、縦棒が深掘りする専門知識に該当《がいとう》します。横棒を広げながら、縦棒を深く掘り下げていくことをイメージすればいいでしょう。

複合型人財をめざせ

ただ、実は、縦棒を深く掘り下げようとすれば、複数の縦棒が必要になってくることに気づきます。ひとつの専門性だけでは「目的」を達成できないからです。

私の場合であれば、中小企業の経営をサポートするためには経営学だけでは対応できません。自動車メーカーの下請企業の相談を受けたときには、自動車に関する工学的な知識も必要になります。あるいは、資金繰りに悩む経営の相談に対応するためには、金融や会計、税制などについても深く知っておかなければなりません。「T型の情報インプット」を徹底《てってい》すると、徐々《じょじょ》に「V型」に近づいていくのです。

穴掘りにたとえるとイメージしやすいかもしれません。直径十センチの穴を十メートル掘りなさいといわれたら難しいですよね？　十メートルの穴を掘ろうと思えば、広い範囲を掘り、少しずつ幅を狭めつつ掘り進みます。それと同じことです。

これは、あらゆる職業にあてはまることです。

飲食店で働く人であれば、お客さまに喜んでいただくためには、料理や飲み物についての知識はもちろん、接客の知識も必要でしょうし、ニーズを汲《く》み取《と》るマーケティングの知識も必要でしょう。経理担当であれば、簿記《ぼき》の知識を付ければひととおりの仕事はできるかもしれませんが、他部署の業務をバックアップしようと思えば、管理システムや現場業務に関する知識もある程度もっておく必要があるでしょう。

このように、V型の情報インプットを継続することによって、私たちは「なくてはならない存在」へとなることができるのです。

「V」という文字の下部が一点に収斂《しゅうれん》していることに注目してください。つまり、ひとつの「目的」を達成するために複数の専門性を磨くことに意味があるのです。一点に収斂することのない、単なる〝モノシリ〟では人の役に立つことはできません。「人の役に立ちたい」という根っこをしっかりもつことが大切です。

私はこれまで数多くの人物と接してきました。

そして、人の能力はみんな同じだと思うようになりました。言ってみれば、誰でも同じ一升枡《いっしょうます》をもっているようなものです。一流の人だから一升枡を二つ持っているわけではありません。ただ、その中に入っているものが違うのです。

例の銀行員を思い出してください。彼は、特別な能力をもっていたわけではありません。ただ彼は、お客さまの役に立つ知識を一升枡の中に注ぎ込んでいたのです。

一升枡を何で満たすか――。

それで、人生は大きく変わるのです。

全体を見晴らしながら、
「目の前の仕事」に全力を尽くせ。

5

優れた人物で「望む仕事」に就いた人は少ない

人生は思うようにはいかないものです。

就職や転職のときに、自分の志望どおりになる人は限られています。私が大学で学部生に教えていたころには、「二十社目に受けた会社にやっとの思いで入りました。だけど、自分が行きたかったのはこんな会社ではありません」といった相談をよく受けたものです。たとえ希望の会社に入ったとしても同じことです。希望する部署に配属されるとは限りませんし、不本意《ふほんい》な異動をされることもあります。

そんなとき、なかには、「こんなはずじゃなかった」「自分は負け組だ」などと考えてしまう人がいます。そして、気持ちを腐らせていってしまうのです。しかし、長年生きてきてさまざまな人物と接してくると、優れた人物が必ずしも「望む仕事」に就いたわけではないことに気づかされます。むしろ、そうではない人が多い。

たとえば、伊那食品工業を育て上げた塚越寛さん。

この会社は、まさに「奇跡の会社」です。「会社は社員の幸せのためにある」という塚越さんの信念に基づき、五十年以上にわたってただの一度もリストラをせず、一貫して安定的に好業績を上げてきました。しかも、斜陽産業である寒天メーカーでありながら、絶えざる新商品開発によって「同業者と争わない」＝「敵をつくらない」という戦略を貫いてきたのです。その経営哲学を学ぶために、連日のように大企業幹部が訪れているのも頷《うなず》けます。そんな塚越さんは、その実績、識見《しきけん》、人格において、私がもっとも尊敬する経営者のひとりです。

しかし、塚越さんの経歴を聞くと多くの方が驚きます。というのは、塚越さんの最終学歴は中学校卒だからです。高校生だった十七歳のとき、当時死の病だった結核を患ったため入院を余儀《よぎ》なくされ、高校を中退せざるをえなかったのです。

入院は三年にも及びました。青春を謳歌《おうか》する同年代の若者を横目に病室に閉じ込められる日々を、どんな思いで過ごしたことでしょうか。哲学書や経営書を読みふける毎日だったそうです。

奇跡的に回復した塚越さんをさらなる苦難が襲います。中学校卒で三年間も病に臥《ふ》せっていた塚越さんを採用してくれる会社がなかなか見つからなかったのです。さんざん悔しい思いをされたことでしょう。そして、長野県伊那地域の地場産業《じばさんぎょう》である製材業を営む会社に、なんとか就職できることになりました。

この会社で、塚越さんは誰よりも一生懸命に働きました。「働けるということ、今日も生きていたということが嬉しくて嬉しくて、当時、人の三倍は働きました」と振り返ります。しかも、闘病中に熟読した書籍によって得た知識をもとに進んだ言動をしていたものですから、自然と経営者の目にとまるようになります。

そして、「あいつならできるかもしれない」と、その会社の関連会社で業績悪化によって銀行管理下にあった「伊那寒天工業」の実質的な社長に抜擢されます。そのとき、塚越さんは弱冠二十一歳。化学書や科学書を読み込みながら生産機械に改良を加え、経理態勢を整え、営業に駆け回りました。休みといえば正月くらい。それだけの努力を重ねて、一歩ずつ自らの理想とする会社を築き上げていくのです。

「逆境」を最大限に活かす

知的障害者雇用で知られるチョーク製造会社・日本理化学工業の大山泰弘さんもそうです。

大山さんには若い頃に夢がありました。大学時代に「二十四の瞳」という映画をみたのがきっかけで、教師という仕事に憧れをもつようになったのです。主人公である女性の教師が子どもたち一人ひとりの人格を磨き上げる姿と、映画のなかで使われた「教師とは心の彫刻家である」という言葉が頭から離れなかったそうです。

そして、大山さんの前にはその道が開けていました。大学の恩師から「大学に残って研究者の道を歩んではどうか」と誘われたのです。教師になるという夢を現実のものにできるかもしれないと、希望に胸は膨《ふく》らんだといいます。

しかし、この夢がかなうことはありませんでした。

日本理化学工業を創業したお父さまが、心臓弁膜症という病気を患うようになったからです。寝たり起きたりの不自由な身体で、会社経営に献身《けんしん》する父親の姿を眼前にしながら大山さんは悩みました。教師という夢を手放すことは耐えられないことでした。しかも、決して社交的な性格ではない大山さんは、自分が経営者に適しているとは思えませんでした。しかし、目の前に苦しんでいる父親がいる……。

そして、悩みに悩んだ末に、やむをえず日本理化学工業に入社するのです。

このとき、大山さんはこうお考えになりました。

「これからは逆境を甘んじて受け入れ、その境遇を最大限に活かす人生でいこう」

大学の同級生が華々しいキャリアを積んでいくのを見つめながら、チョークづくりに精を出す毎日はつらかったそうです。それでも、大山さんは、お客さまの期待に応える製品づくりに取り組むとともに、「与えられた場所」で自分を活かす道を探しつづけていました。

そんなある日、彼は知的障害をもつ二人の少女に出会うのです。それは、「障害者雇用」という生涯を貫く志との出会いでした。その後、数多くの知的障害者を雇用し、彼らを一人前にするために人生を捧げてきたのです。

私は、この話を聞いたとき思わずこう言いました。

「大山さんは今、先生じゃないですか。学校の先生よりはるかに立派な先生になったじゃありませんか」

それを聞いた大山さんは、一瞬、驚いたような表情をされました。そして、少しはにかみながら嬉しそうに微笑んでくれました。かつて、教師の夢をあきらめなければならなかった大山さんは、その夢を別の形で実現していたのです。

「目の前の仕事」に全力を尽せ

このお二人の人生を思うと、私は人生というものの奥深さを思わずにはいられません。人生にとって大切なのは、「希望する仕事」に就くことではなく、「与えられた場所」で全力を尽くすことなのです。その結果、当初、思いもよらなかった形で自分の「理想」や「夢」が実現する。人生とは、そういうものなのです。

だから、希望の会社に就職できなかった学生にいつもこう語りかけてきました。

「縁のなかった会社のことを考えていても幸せにはなれないよ。それよりも、今日を精一杯生きなさい。自分を雇ってくれた会社にご恩返しをしながら、その会社を社会にとってなくてはならない会社にするために全力を尽くしなさい。そして、いつか君を落とした会社に〝なんであんなに優秀な人財を落としてしまったんだろう〟と思われるだけの力をつけるんだよ……」と。

もちろん、人を人とも思わないようなブラック企業や、どうしても自分とは合わない会社であれば話は別です。〝人足《にんそく》〟として扱われるだけの、まるで未来のない仕事であるならば、逃げたほうがいいでしょう。しかし、たいていの会社はさまざまな問題を抱えながらも、常識の範囲内で運営されているものです。石の上にも三年と言います。不満に思うことがあったとしても、その仕事を通してお客さまや仲間、そして自分を幸せにできる可能性があるのであれば、「雇ってくれた会社・職場」＝「与えられた場所」にじっくりと腰を据えて頑張ってみることです。

「目の前の仕事」に全力を尽くすことが、人生を拓く第一歩なのです。

全体を見晴らす視点を育てる

ただ、「目の前の仕事」に真剣になるとは、「目の前の仕事」しか見ないということではありません。むしろ、それでは「目の前の仕事」を極めることはできません。

たとえば、工場で働く職人さんは、旋盤《せんばん》工、フライス工、溶接工など、それぞれに高い専門性を備えています。そして、それぞれに「旋盤なら旋盤」「フライスならフライス」という「目の前の仕事」に取り組んでいるのですが、優れた職人さんに「それしかできない」という方はいません。

なぜなら、ほとんどの仕事は、その人だけで完結するわけではないからです。工場では、旋盤で形を整えた後、溶接でほかの部材と接合され、塗装《とそう》されて……、という具合に工程が進み、完成品へと仕上がっていきますから、それぞれの〝持ち場〟で自分の都合だけを考えて仕事を進めると、全体の工程がうまく機能しないという結果になります。だから、特定の技術に長《た》けているだけでは足りないのです。

全体を見渡したうえで、「後工程を考えたら、自分はこうしたほうがいい」という判断ができなければならない。つまり、優れた職人さんとは、多くの仕事を一通りできるだけの技量をもって、全体の仕事がどのように進むのかをあらかた頭に入れたうえで「目の前の仕事」を組み立てていける人なのです。

これは、事務職でも同じです。たとえば、商品企画を担当しているのであれば、詳細な企画書をまとめる前に、類似商品を販売している営業マンの意見や、製造工程を担う現場の人たちの意見に耳を傾けるでしょう。そして、彼らの意見を踏まえたうえで企画書を取りまとめ、営業マンや現場の人たちが働きやすいように発売までのダンドリを組んでいくでしょう。

逆に、こうした配慮ができなければ、その商品アイデアが優れたものであったとしても大きな成果を上げることはできないはずです。商品化までにさまざまなトラブルが起きるでしょうし、営業マンも販売に全力をあげてくれないかもしれません。全体を見渡しながら、関係者の立場に立つことによって、「目の前の仕事」の質を高めていくことができるのです。

こうした力を身に付けるためには、まずは上司の立場でモノを考えるクセをつけるといいでしょう。現場の担当者ならば課長の立場で考えてみる。その観点からみれば、自分が任されている仕事のなかでどの仕事を優先すべきなのかといったことがよりよく見えてくるはずです。そうした判断のもとで「目の前の仕事」を進められるかどうかで少しずつ差がついていきます。そして、課長であれば部長、部長であれば役員や社長の立場で考えてみるのです。常に、一段上、二段上の視点で自分の仕事をとらえるなかで、全体を見晴らす力が養われていくはずです。

グローバルに考える

もちろん、これは社内に限った話ではありません。

より広く、より高い視点を意識していくことが大切です。数多くの経営者を見ていると、視点の高低が、その人の人生をいかに左右するかを痛感させられます。

〝下請全盛〟だった時代、多くの経営者にとってのライバルは同じ発注企業から受注している企業でした。その発注企業の発注量におけるシェアを伸ばすためにしのぎを削っていたわけです。いわば、「目の前の競争」に目を奪われていたのです。

一方で、より高い視点をもつ一群の経営者がいました。彼らは早くから〝脱下請〟を志向し、ほかの追随を許さない技術を磨き上げていきました。なぜか？　グローバルなモノの見方をしていたからです。自分の仕事が、中国やベトナムから見たらどう見えるのか、という視点をもっていたのです。

新興国の人件費は驚くほど安い。そして、技術力も日々高まっている。いまやっている仕事と同じことを続けていれば、いずれ彼らに技術的にも追いつかれてしまう。そうなれば、人件費の安い彼らに発注企業の仕事は奪われてしまうだろう。

こうして、「目の前の仕事」「目の前の競争」だけにとらわれず、グローバルな視点をもっていたからこそ、彼らはいち早く対策をとることができたのです。

未来工業は、それを徹底したことで驚くべき競争力をもつに至っています。

住宅を建設するときに欠かせない電気設備資材、給排水設備やガス設備資材の部品を製造・販売している岐阜県の会社です。創業は一九六五年。「劇団未来座」を主宰する芝居仲間だった清水昭八さんと山田昭男さんが一念発起《いちねんほっき》してつくった一風変わった会社ですが、いまでは、売上高は二〇〇億円を超え、この四十年間をみても常に売上高経常利益率が五％以上を維持する〝不況知らず〟の優良企業です。

創業当時から、「人から言われたことをやるということがイヤだったので、いきなり自社製品を創った」というのですから、お二人の自律心は尋常《じんじょう》ではありません。その後、ヒット製品を生み出して以降も〝守り〟に入ることなく、他社、他国から後追いされた製品の生産はやめるという方針を貫いてきました。

「ライバルは自社の過去製品。常に新しい価値を付加したものをつくり続ける」お二人はこの言葉で社員を激励しながら、年間に千もの新商品を生み出す会社に育て上げ、いまや、まったく他社の追随を許さないポジションを確立したのです。

お二人の視線の先には「世界」がありました。グローバルな視点で眺めたときに、これからの日本は精密な工業品をつくるという戦略から、新しい商品やサービスを生み出す戦略に転換するほかないという見識をもっていたのです。

世界中探しても、まだないものを生み出す――。社員全員がこの意識をもって「目の前の仕事」に全力を注いだからこそ、現在の未来工業は作り上げられたのです。

このように、強く生きたければ視点を高くもつことです。広い世界、あるいは全体が見えるからこそ、「目の前の仕事」で何をすべきかが明確になるのです。そして、進むべき針路が見えてくるのです。

現象に惑わされず、
常に本質を見極めろ。

6

「一生懸命」が曲者だ

商品が売れない、効率が上がらない……。

仕事をしていると、日々、私たちは大小さまざまな「問題」と遭遇《そうぐう》します。現代のように社会の変化するスピードが速い時代には、ほとんどのビジネスマンが困難な問題と直面していることでしょう。それは、避けがたいことです。大切なのは、そうした問題とどう向き合うかということです。問題に正しく向き合うことが、解決への第一歩なのです。

まず、認識すべきなのは問題には二つあるということです。

「現象問題」と「本質問題」です。

「現象問題」とは、なんらかの原因によって発生した問題のある現象・状態のことです。そして、「本質問題」とは、その現象を生じさせた根本的な問題のことです。

ところが、やっかいなことに、この二つの問題は見え方がそっくりです。ときには、単なる「現象問題」が「本質問題」のように見えてしまうこともある。その結果、私たちは大きな過ちを犯してしまうのです。

たとえば、ある会社の経営が苦しくなってきたとします。財務諸表《ざいむしょひょう》を見ると、対前年比で毎年、売上げが下がっていることを発見します。これは、「現象問題」に過ぎません。しかし、なかにはこれを「本質問題」と考えて、「もっと気合を入れて売ってこい！」などと言って、営業マンの尻を蹴り飛ばす経営者がいます。

しかし、「本質問題」は別のところにあるかもしれません。もしかしたら、代替商品が出現したのかもしれないし、商品やサービスが時代の使命を終えたのかもしれない。あるいは、過度な成果主義の導入によって営業マンの士気が下がったためなのかもしれない。

当然のことですが、「本質問題」のありかによって解決策は異なってきます。一時的な不況の影響であれば、コストを削減して利益体質を強化して景気回復を待つという対策が妥当かもしれません。商品の陳腐化《ちんぷか》が原因であれば、新商品を開発するほかありません。そして、成果主義の導入が真因であれば、その制度を取り除くことが解決になるはずです。

もし、これらが「本質問題」であれば、営業マンの尻を蹴り飛ばした経営者は、どんなに一生懸命がんばっても問題を解決することはできません。むしろ、確実に状況を悪化させてしまいます。万一、成果主義が真因《しんいん》だったときには、致命的な問題にまで至るでしょう。

しかも、この「一生懸命」が曲者です。

私たちは、しばしば「一生懸命」という言葉をよりどころに、「本質」からズレた、明らかに間違った努力を続けてしまう。そして、「一生懸命」という言葉を言い訳に誤った判断を正当化してしまうのです。

経営者であれば、「一生懸命やっているけれど業績が悪化した。だから社員をリストラせざるをえなかった」などとリストラを正当化します。しかし、実は「現象問題」を「本質問題」と取り違えていただけだったというケースを私はヤマのように見てきました。その結果、路頭に迷った人々のことを思うとやる瀬ない思いにかられます。

もちろん、これは経営者にのみ起こることではありません。社員一人ひとりも同じことが言えます。

たとえば、営業マンが「一生懸命売っているけれど売れない。だから商品の企画力に問題があるんだ」と主張すれば、商品開発担当は「一生懸命に企画をしているのに売れない。だから営業マンの怠慢《たいまん》が問題だ」と主張する。お互いに「一生懸命」を言い訳に、自分を正当化しようとするわけです。その結果、本来、お互いの知恵を持ち寄って「本質問題」を見極めなければならないはずなのに、社内に不要な分断を生み出してしまうことがあるのです。

このような愚かな過ちを犯さないためには、「現象」にとらわれず「本質」を追究する姿勢が欠かせません。極言すれば、「本質問題」さえ正しく把握できれば、問題の大半は解決したも同然なのです。

「歴史観」をもって考える

ただし、やみくもに考えていても「本質」は見えてきません。あるいは、単なる経験知や直感に頼るのは極めて危険です。

「本質」を見極めるには、いくつかの「観点」をもって問題を見つめることが欠かせません。たとえば、「主観ではなく客観」「短観ではなく歴史観」「ローカル観ではなく、世界観（狭い観点ではなく、広い観点）」などです。私たちは、ついつい「主観」「短観」「ローカル観」で物事を見てしまいがちですから、意識して「客観」「歴史観」「世界観」で見るようにするのです。

商店街を題材に、これらの「観点」の使い方を具体的にご紹介しましょう。

私は研究の一環として全国の商店街の支援も行っていますが、ご存知のとおり全国各地で商店街は〝ジリ貧〟の状況にあります。そのため、商店街を訪れると、実に多くの人から「不況対策が足りない」「大型店ができたせいだ」といった意見を聞かされます。

たしかに、商店主の「主観」から見ればそうかもしれません。しかし、お客さまの目、すなわち「客観」から見れば、その商店街や個々の商店が魅力的でないということになります。まず、そのことを真摯に見つめなければなりません。

あるいは、「近所に大型店ができてから売上げが下がった」とか「平成不況によって売上げが下がった」というのは「短観」としては正しいかもしれません。しかし、もっと長期的な視点、つまり「歴史観」をもってみれば、また違った事実が浮かび上がってきます。

小売商店の数のピークは一九八二年です。当時、全国に一七〇万もの小売商店があったのに、この三十年の間に四〇万も減少してしまったのです。そして、その間、一度も増えたことはありません。それは、あのバブル景気のときも含めてです。つまり、商店街の問題は好不況によるものではなく、構造的な問題だということがわかります。さらに、大型店の出店ラッシュ以前から小売商店の数は減っていたのです。つまり、外的な要因が「本質問題」なのではなく、商店街そのものが変わらなければならないと考えるべきなのです。実際、自治体などが不況対策として商店街振興をしたり、法律で大型店の出店を規制しましたが、商店街の衰退傾向は止まっていないではありませんか。

また、地元の状況のみを見ることによっても状況判断を間違えます。たしかに、その商店街では近所に大型店が出店してから大幅に売上げが落ちたかもしれません。しかし、広く日本の商店街を見渡せば、同じような条件のなかでも売上げを維持しているところがあるかもしれません。であれば、「なぜ、そうなのか？」と、そうした商店街の取り組みに学ばなければなりません。そうすることによって「本質問題」に気づくことができるかもしれません。そうした努力もせず、「ローカル観」

にとらわれて、「大型店のせいだ」と声を上げたところで問題は一向に解決しないのです。

「本質」をつかむ思考法

実際、「本質問題」を解決することで、凋落《ちょうらく》著しい商店街のなかで孤軍奮闘《こぐんふんとう》しながら業績を上げている小売商店はいくつもあります。

そのひとつが、静岡県富士市の吉原商店街にある「杉山フルーツ」です。

吉原商店街は、かつてはにぎやかな商店街でした。しかし、最盛期には一二〇店舗あったお店は七〇店舗ほどにまで減り、多くのお店がシャッターを締め切った「シャッター街」になってしまいました。

その引き金となったのは、一九九四年、吉原商店街の両端にあった二つの大型店が撤退してしまったことにあります。それまで、この商店街では大型店に買い物に来たお客さんがついでに立ち寄ることで商売を成り立たせていたため、集客装置《しゅうきゃくそうち》を失った途端《とたん》に目を覆うような状況に陥ってしまったのです。

杉山さんは、その当時、商店街振興組合のなかで〝若手〟として活躍していました。危機感を共有する同じ若手の商店主たちとともに、組合主催のイベントを企画して集客するなどの取り組みを展開しましたが、なかなか状況は好転しませんでした。そして、「このままでは店がつぶれてしまう」と思った杉山さんは、矛先を自らに向けます。杉山フルーツの改革を志したのです。いわば、「大型店に頼るという意識」そのものが「本質問題」だと見抜いたのです。

彼は、まず商売を「贈り物」需要に特化することを決意します。これまでどおり普通に果物を商っていても先が見えているので、何かに特化しようと考えたのです。

しかも、徹底的に「お客さまの視点」＝「客観」に立ちました。お客さまに「贈り物にしたい」と思ってもらえるためには、品質にこだわらなければならない。そのため、ほぼ毎日、朝早くに果物市場に出かけ、自分で食べて仕入れるようにしました。品物によっては果物の産地、農家まで行って買い付けました。さらに、「お客様の都合を考える」ことから年中無休に切り替えるのです。

接客も一八〇度変えました。それまでは、店の奥で新聞を読みながらお茶を飲んで、お客様が入ってきても「なにしに来たの？」という態度でしたが、それを改めたのです。それどころか、お客さまの少々無理なお願いにも、それ以上の誠意をもって対応するようにしました。

その結果、大型店が撤退《てったい》する前の一九九一年に約八〇〇〇万円だった販売額を、現在では数倍に増やすことに成功。杉山さんは、見事に問題を解決してみせたのです。

大型店の撤退は商店街衰退の〝引き金〟とはなりました。しかし、これはあくまで「現象問題」でした。「本質問題」は、大型店など外的要因に頼って商売をしようとする「意識」そのものにあったのです。

杉山さんは、実績をもって、この真実を証明してみせたのです。

だから、私たちも「現象」と「本質」を見誤ってはなりません。

なんらかの問題に直面したときには、その「本質問題」を徹底的に追究する。

それこそ、強く生きるために欠かせない姿勢なのです。

必ず、自分の眼でみて、
自分の手で触れなさい。

現場に触れなければ「真実」はわからない

地に足をつける――。

これも、強く生きるために欠かせないことです。

私たち人間は、怠惰な生き物です。放っておくと、書籍やインターネットの情報を読んだだけで物事を知ったつもりになり、机上で考えただけで物事をわかったつもりになりがちです。

しかし、それでは本物の知識を身に付けることはできず、正しい判断をすることもできません。なぜなら、真実は常に現場にあるからです。現場に行き、現物を見て、実物に触れなければ、決して真実を知ることはできないのです。

私は常々、「三現主義《さんげんしゅぎ》」を信奉してきました。

三現とは、「現場」「現物」「現実」のことです。この三つを重視するために労を惜しまないことこそ、頭でっかちにならず、地に足をつけるために不可欠なことだと確信しているのです。

現在の私の基礎をつくってくれたのは、公共産業支援機関時代に毎日のように通った工場の現場です。

私は工場を訪ねて経営者との面談を終えると、必ず「現場を見せていただけないですか？」とお願いしました。

そこで実に多くのことを学ばせていただきました。

工場に置かれているものは、私の見たことも触ったこともないものばかりでしたから、何でも質問しました。すると、多くの職人さんは親切に教えてくれました。

「これは何という機械ですか？」

「旋盤だよ。丸い棒の皮を取ったり、溝を切ったりする機械で、こんなふうに動かすんだよ」

なかには、

「やってみるか？」

と旋盤を触らせてくれる方もいました。

これが、やってみると難しい。全然、思ったとおりにいきません。

「難しいですね」

と言うと、

「まぁ、一人前になるには十年はかかるね」

などと教えてくれます。

少しわかってくると、作業工程についての疑問が湧いてきます。

「この棒を切ってから穴を開けたほうが簡単じゃないんですか？」

「そうなんだけど、後工程のことを考えると、こうしたほうがいいんだよ」

このような質問を繰り返すことで、工場がどのように運営されているのか肌で理解できるようになっていきました。その面白さ、大変さが体感として把握できるようになったのです。ときどき、「坂本さんは工学部を出てらっしゃるんですか？」と聞かれるほどでした。

「現場」を知らない者は道を誤る

これが、後に生かされました。

経営相談に乗るときにも工場の現場を知っているか否かでアドバイスは異なってきます。

たとえば、ある製品のニーズが減少したために新製品に取り組みたいと相談されたときには、市場動向を調査するなどのマーケティングを行ったうえで新製品を見極めていきますが、これだけでは机上の空論になりかねません。なぜなら、その工場の職人さんがもっている技術や機械で、その製品がつくれるかどうかを検討する必要があるからです。

あるいは、発注企業からコストダウンを迫られ、経費節減のために給与の削減やリストラを検討せざるをえない会社があるとします。しかし、効率的な工程を組んでいるほかの会社の事例を紹介することで、リストラなどに手を染めることなくコストダウンを図ることができるかもしれません。

そうしたアドバイスを行うためには、現場を知っていなければならないのです。逆に言えば、現場を知らないアドバイスは、会社の道を誤らせる危険性すらあるのです。

自分の眼で培った信念はぶれない

「三現主義」は、研究者としての私も支えてくれました。

かつて、私は学会では「異端」の扱いを受けていました。

当時、学会主流派は、「経営資源に乏しい中小企業は本質的に弱い存在である。中小企業と大企業の格差はいかんともしがたく、中小企業の努力の限界を超えている」と認識していました。そのため、「中小企業を支援する政策を充実させる必要がある」という主張だったのです。

しかし、私は数多くの中小企業を訪ね歩くなかで、その間違いに気づいていました。というのは、大企業の言いなりになって苦しい経営を強いられている中小企業もあれば、大企業をアゴで使うような中小企業もあることを知っていたからです。だから、私は「脱下請」の必要性を説くとともに、その戦略について論じていたのです。

彼らの論拠《ろんきょ》は定説や統計でした。

たしかに、統計での平均値をみれば、中小企業と大企業の格差は歴然としています。一方、私の論文は統計よりも現場のフィールドワークを論拠にしていたために評価を得られなかったのです。「あなたの主張を理解はしますが、統計的な証明が足りない」などとよく言われたものです。重箱の隅を突くような質問を、公衆の面前でされたこともありました。

しかし、自分の信念が揺らぐことはありませんでした。なぜなら、私は自分の足で歩き、自分の眼で確認したことを論拠にしていたからです。

もちろん、統計的な観点は重要です。

しかし、統計はミクロの合計にすぎません。個を足せば全体になりますが、全体＝個ではありません。マクロの数値だけを見ていては、本質を把握することはできません。それだけでは、机上の空論に堕《だ》してしまうのです。

それよりも、高い評価を長期にわたって受けている個別企業や個人＝ミクロに真摯に学ぶことが大切です。それこそが、本当の意味で苦しんでいる中小企業の役に立つ研究なのです。

実際、私の研究を評価してくれたのは学会ではなく、中小企業経営者の皆さんでした。私の主張は経営者に厳しい側面もあるので、当初は敬遠《けいえん》する経営者も多かったのですが、次第に中小企業からの指導依頼や講演依頼が増え、数多くの経営者の方々と議論を交わすなかで私の研究はどんどん進化していきました。そして、今では、私の主張も少しは学会でも受け入れられるようになったのです。

それは、現場に学び、現場の役に立つ、すなわち地に足のついた研究をしてきたからだと思います。

「三現主義」こそが、私に力を与えてくれたのです。

現場こそアイデアの源

これは、あらゆる仕事に通じることです。

皆さんにもぜひ現場を大切にしてほしいと願っています。

あなたが営業マンなら、事務所で商談をするだけではなく、可能な限り現場に足を運んでほしい。

自分が扱っている商品が、どこでどのように使われているのか、使っている人たちはどんな表情をしているのかを自分の眼で確かめてみてください。そして、休憩時間に声をかけて、「どうですか？　使いやすいですか？」と聞いてみてください。商品を改良するアイデアが得られるかもしれませんし、新たな商品のアイデアが湧いてくるかもしれません。

あるいは、現場でライバル企業の商品を目にするかもしれません。であれば、なぜその商品を選んだのか聞いてみるのです。そして、カタログを取り寄せ、実際に商品を購入してみる。もしかすると、自社商品より優れていることがわかるかもしれません。しかし、その結果、自社商品の改良すべきポイントがつかめるはずです。そのような情報を社内で共有することによって、きっと多くの人々に受け入れられる商品が生み出されるはずです。

現場こそが、アイデアの源なのです。

現場への「思い」が力となる

何より、現場の人々と接することで、仕事に向き合う姿勢が変わってきます。私を今まで突き動かしてきた原動力となったのは、現場の人たちの一生懸命に働く姿でした。

昔の工場は空調設備《くうちょうせつび》も現在のように整っていませんでしたから、夏のころなど我慢できないほど暑かった。一時間もいればシャツは汗でびっしょりになりました。従業員の方々は、滝のような汗を流し、爪の中まで真っ黒にしながら働いています。そのご苦労が身に沁みました。

だからこそ、少しでも皆さんの役に立ちたいという思いが生まれたのです。その思いがなければ、もしかしたら学会主流におもねるようなことをしてしまったかもしれない。孤立していた私を支えてくれたのは、現場の人々に対する思いだったのです。それは、机上で物事を考えていても手にすることはできなかったでしょう。

私は六十歳を過ぎた今でも、週二回は現場を訪問しています。それは、私の研究を深めるためでもありますが、同時に、私が率先して現場を訪ねることで学生や経営者の皆さんにもその大切さを伝えたいと思うからです。

そして、現場を回ることができなくなったとき、そして、現場が目と心を離れたとき、私は第一線から身を退《ひ》こうと決めています。

自分の眼でみて、自分の手で触れる。

それこそが、私たちに力を与えてくれるのです。

耳は二つ、口は一つ。
「声なき声」に耳を傾けなさい。

8

「声」を押しつぶす「偽物の強者」

人の「声」に耳を傾けるのはとても難しいことです。

なぜなら、人の「声」は、自分にとって〝心地いい〟ものとは限らないからです。むしろ、耳に痛い「声」が多いものです。ときに人は、そうした「声」に耳をふさぎたくなります。あるいは、そうした「声」を押しつぶして、自らの思いどおりにしようとします。それが「強さ」だと勘違いしているのです。

しかし、それは「偽物の強者」です。本当に強い人は、どんなに自分にとって不都合な「声」だとしても、真摯に耳を傾けます。そして、その「声」が正しいものであれば、それを受け入れる勇気をもっています。

そもそも、「声」は聞こうとしなければ聞こえてはきません。えてして、本当の「声」は、言葉として語られないものだからです。

たとえば、大企業と下請企業の関係を考えてみてください。

多くの大企業は利益率が下がれば、下請企業にコストダウンを要求します。ところが、日本の下請企業の約七十五%は赤字です。もちろん、下請企業の経営努力が足りないという側面はありますが、さらなるコストダウンが下請企業にどれほどの犠牲を強いることになるかは自明のことです。

しかも、大企業と下請企業の人件費は約二倍もの格差があります。この格差を温存したままコストダウンしようとする姿勢に怒りを覚えない人はいません。あなたは、「とことん安く使ってやろう」とされたら我慢できますか？「その相手のためにいい仕事をしよう」と思えますか？「ちきしょう、今に見ていろ」と思うのが人間の当たり前の感情です。しかし、ほとんどの下請企業はその怒りを口にはしません。なぜなら、仕事を引き揚げられることを恐れるからです。それに乗じて、大企業は理不尽な要求を押し通してしまうのです。

日本の制度そのものが、このような事態が起きる背景にあることも指摘しておく必要があるでしょう。たとえば、会計基準がそうです。現在の会計基準では、下請けに支払う費用は「原材料費」などの科目に計上されます。下請企業では人間が働いているにもかかわらず「原材料費」です。つまり、「人間の働き」をコストや材料としてしかみていないということです。このような「考え方」も、大企業の心ない振る舞いを正当化する要因となっているのです。

「声なき声」に耳を傾けない者は滅びる

しかし、怒りは厳然としてあります。それは、「声なき声」として世の中に充満しているのです。

実際、いま下請企業の反乱が始まっています。

優秀な下請企業は〝親企業離れ〟をするために自社製品をつくる努力を始めています。一方、大企業の言いなりになってきた下請企業の多くは廃業を考えています。そうなれば、発注企業は部品を社内でつくらなければならなくなります。しかし、人件費は二倍ですから、当然コストも二倍になります。二倍で済めばまだ救いようがありますが、発注企業の多くはすでに部品をつくる能力がありません。結果として、立ち行かなくなる大企業が出てくるおそれがあるのです。

これからは、選ばれるのは下請企業ではなく大企業です。選ばれる大企業と捨てられる大企業が出てくるのです。

なぜ、こんなことになってしまったのか？

それは、大企業が「声なき声」に耳を傾けてこなかったからです。「人間の声」に耳を傾けず、会計上の数字ばかりを見つめ、立場の強さに胡坐《あぐら》をかいていたからこんなことになってしまったのです。結局のところ、そのような企業は「偽物の強者」だったということです。

「静かな怒り」は形を変えて表現される

これは、もちろん企業間の問題に限られることではありません。職場の人間関係でも同じことが言えます。

私が若かりしころ、ある上司は部下をまるで〝道具〟のように扱っていました。ちょっとしたミスをしただけで、人格攻撃をするような人物だったのです。

しかし、ほとんどの同僚たちは口ごたえなどしませんでした。ただただ、その上司の理不尽に耐えるばかりでした。当然のことです。上司とはもっとも身近な「権力者」です。しかも、徳のない権力者を相手に「声」を上げれば自分の立場を悪くしてしまいます。それがために、その上司はますます増長するわけです。

しかし、職場には〝静かな怒り〟が沈殿していました。士気は低く、退職者も後を絶ちません。おそらく、「声」にならない怒りは、そのような形でしか表現されないのでしょう。その結果、組織そのものが腐っていくのです。

ここに、私のもとに寄せられた一通の手紙があります。勤めていた会社が倒産してしまった読者からの手紙です。

私は倒産した大手企業で管理職をしていた、現在失業中の身です。この本（注‥『日本でいちばん大切にしたい会社』）を読み、勤めていた会社が倒産したのは当然だと思いました。ただ、今悔やんでいるのは、かつての部下たちのことです。当時は上司の言うがまま、部下に対し、「業績を高めるためには手段を選ぶな」といった言動を繰り返していました。

なぜ、この本に書いてあるように、部下やその家族の幸福を念じた言動ができなかったのか。今は、かつての部下や家族に対し、申し訳ない気持ちでいっぱいです……。いつの日か再び職にありつけたなら、この本に書いてあることを必ず実践し、罪滅ぼしをしようと思っています。

この方が、かつての私の上司のような態度をとっていたのかどうかはわかりません。ただ、部下の「声なき声」に耳を傾けなかったことはうかがえます。

もちろん、私は手紙の主を責めるつもりはありません。むしろ、いま、このように真摯に自分の過ちに向き合おうとする姿に感銘を覚えます。きっと、彼は次の職場では、同僚や部下の幸せのために行動できる人になるに違いありません。

それに、おそらく彼自身の「声なき声」も、経営陣に聞いてもらえなかったのでしょう。その意味では、彼も犠牲者だったのかもしれません。しかし、その結果、彼は「会社が倒産したのは当然」と書かなければならなかったのです。

その会社も、そして、かつての彼も、「偽者の強者」だったのです。

知的障害者の「声なき声」

「声なき声」に耳を傾ける――。

その尊さを最も純粋な形で教えてくれるのは、日本理化学工業の大山さんです。

彼は、生涯を通じて知的障害者の「声」に一心に耳を傾けてきた人物です。

大山さんは、決してはじめから知的障害者の「声」が聞こえたわけではありませんでした。ひょんなことから二人の知的障害をもつ少女を雇用することになった大山さんは、当初、二人の気持ちがどうしてもわからなかったそうです。

なぜ、福祉施設にいれば楽をすることができるのに、雨の日も風の日も、満員電車に乗って通勤してくるのか？　そして、つらい思いをしてまで働こうとするのか？　不思議でならなかったのです。

そんなある日、彼はある僧侶と出会います。そして、「うちの工場には知的障害をもつ二人の少女が働いています。施設にいれば楽ができるのに、なぜ工場で働こうとするのでしょうか？」と質問をします。

これに、僧侶はこう応えました。

人間の幸せは、ものやお金ではありません。
人間の究極の幸せは次の四つです。
人に愛されること、
人に褒められること、
人の役に立つこと、

そして、人から必要とされること。
愛されること以外の三つの幸せは、働くことによって得られます。
障害をもつ人たちが働こうとするのは、
本当の幸せを求める人間の証なのです。

大山さんは、このときはじめて知的障害者の「声なき声」を聞きました。そして、彼らが懸命に握り締めている「幸せ」を守らなければならないと心に決めたのです。

それから約五十年。

いまでは、社員の約七割を知的障害者が占めながら、チョーク業界トップシェアを維持する会社にまで成長しました。

大山さんは、「そんなに苦労はしていませんよ」とおっしゃいますが、そんなはずはない。語りつくせぬほどのご苦労をされたはずです。

そもそも、知的障害者に「戦力」になってもらうのは並大抵のことではありません。たとえば、知的障害者は数字を理解することが難しいため、チョークの材料をハカリで測量する仕事が苦手でした。何度も何度も、ハカリの使い方を教えたそうです。それでも、やはり理解できません。ただただ、困った表情で立ち尽くすだけでした。さすがの大山さんも、「なぜ、こんな当たり前のことが理解できないんだ」と天を仰いだこともあったそうです。

相手の幸せのために全力を尽くす

しかし、大山さんはあきらめませんでした。なぜなら、彼らの「人の役に立ちたい」「幸せをつかみたい」という「声なき声」が聞こえていたからです。だからこそ、彼らを責めるのではなく、「どうすれば、彼らにもできるようになるか」と知恵を絞りました。

そして、ある日、ひらめきが訪れました。

それは、大山さんが道路を渡ろうと、信号に目をやった瞬間でした。彼らは、駅の改札を出てから会社の門をくぐるまで、まったくひとりで交通事故にあうこともなくたどり着きます。そのためには、途中にいくつかある信号の識別《しきべつ》ができていなければなりません。ということは、色の識別はできているということです。そこで、オモリに色を塗ってみたところ、彼らは迷うことなく測量することができたのです。

その後、大山さんは、同じような発想で一つひとつの工程に工夫を加えていきました。そして、何年も何年もかけて、ついに、ほぼ障害者だけでチョークをつくる工程を築き上げたのです。

私は、日本理化学工業を見学させていただき涙をこらえることができませんでした。彼らの真剣に仕事に打ち込む姿は健常者と変わることがないように見えました。そして、その姿はどこか誇らしげでもありました。大山さんは、彼らの「声なき声」を長年の努力の末に現実のものにすることができたのです。

大山さんは、常々、健常者の社員にこう説き続けてきたといいます。

「うまくいかないことがあっても、知的障害者のせいにすることはできないんだよ。彼らの理解力に合わせて、彼らがうまくできるように工夫するのが君の仕事なんだ」

これは大山さんご自身にも向けられた言葉であるに違いありません。大山さんの人生を貫いているのは、相手の「声」に耳を傾け、相手の立場に立って、相手が幸せになるために全力を尽くすという姿勢なのです。

おそらく、その姿勢は知的障害者に対してのみならず、健常者の社員、取引先、

創立24周年

WAVE出版

図書目録©
2011年10月
発行

www.wave-publishers.co.jp.
〒102-0074 東京都千代田区九段南4-7-15
TEL 03(3261)3713　FAX 03(3261)3823
振替00100-7-366376 E-mail:info@wave-publishers.co.jp

送料　300円
表示価格は税込です。

WAVE出版のめざすもの

小社は、「混迷の時代をいかに生きるか」という難問に、読者とともに立ち向かう姿勢で出発しました。

現代社会における「第四の権力」巨大マスコミは、肥大化と商業主義の果てにその自浄作用を失い、いま自滅の危機に瀕しています。使命感や責任感が欠如した言論の危機状況の中で、出版界も、「活字離れ」などと、自らの怠慢の責めを読者に転嫁するのではなく、「出版とは何か」の基本理念に立ち返り、その創造に全力を挙げることしか、危機を脱する処方箋はないと考えます。

1945年の敗戦以来、古き出版人は、自らの失敗に学び、平和の礎としての揺るぎない文化の普及啓蒙を責務として励んでこられました。

そして今、われわれ新しき出版人は、「平和すぎる時代の文化の敗退」状況を目の当たりにし、読者不在の元凶「顔のない文化の一方的発信者」の座を捨て、自らも含めた生活者の視点に立った、未熟でも人間臭い、ささやかで、そして切実な出版活動に挑むべきだと思います。

小社は、ひとりひとりの生身の人間が抱き悩む「素朴な疑問と豊かさへの渇望」に応え、不正や腐敗を質す出版ジャーナリズムの原点に立ち、強い批判精神を柱にしたユニークな書籍の編集に全力を注ぐことを誓いたいと思います。

微力で青き理想ではありますが、活字文化に携わる者の「草の根」の営みに、読者諸賢の永くあたたかきご支援を期待してやみません。

代表取締役社長　玉越直人

◎ビジネス・ノンフィクション・エッセイ

逆境を生き抜く力
我喜屋優著

「逆境を友人にすれば、最後には宝となる」。様々な逆境を乗り越え成果を出してきた著者が贈る、人間の〝根っこ〟を強くするためのヒント。
四六判並製●1470円

利他のすすめ
チョーク工場で学んだ幸せに生きる18の知恵
大山泰弘著

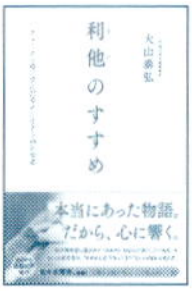

「利他のこころ」で生きれば、必ず幸せになれる。「日本でいちばん大切にしたい会社」をつくった経営者が、障害者から学び伝える18の知恵。
四六判ソフト上製●1470円

仕事が「ツライ」と思ったら読む本
心屋仁之助著

段取りが悪い、積極的に意見を言えない、なかなか成果を出せない…。仕事の様々な悩みを解消し、「イマイチな自分」から脱出するための方法。
四六判並製●1470円

Dr.苫米地の脱洗脳禁煙術
苫米地英人著

タバコに対する洗脳を消し、ドーパミンコントロールできれば、禁煙だけでなく仕事もはかどる！　あらゆる禁煙法をためした人へ贈る珠玉の書。
四六判並製●1050円

「しゃべらない」技術
困った・苦手がスーッと消える「超」しゃべる技術
麻生けんたろう著

「しゃべらない」にこそ相手との関係性を飛躍的に高め、コミュニケーションが輝く重要なカギがある！　『「しゃべる」技術』に続く待望の第2弾！
四六判並製●1470円

やる気がなくてどうしようもない僕を救ってくれる本
ダメな日の「やる気」復活トレーニング
午堂登紀雄著

あなたを即効スイッチオン！　仕事の集中力が1日中続く78のノウハウ。
四六判並製●1365円

不屈魂
拘置所から復活した現職市長の手記
松本崇著

無実の罪で逮捕、勾留、妻の自殺、次男の急死…壮絶ドキュメント！
四六判並製●1575円

地域などあらゆる対象に向けられていたはずです。でなければ、あれだけ多くの支援者が現われるはずがありません。そして、だからこそ、業界トップシェアを長年にわたって維持する会社を作り上げることができたのです。

これこそ、本当に強い人の生き方ではないでしょうか。

私たちは、ついつい自分の都合や利益ばかりに目が行ってしまうものです。そして、相手の立場を思いやることなく、一方的な要求を口にしてしまいがちです。相手を言い負かそうと躍起《やっき》になることもあります。しかし、それで自分の言い分を通したとしても、それがためにかえって自らを貶《おとし》めてしまうことになるのです。

それよりも、相手の「声なき声」にじっと耳を傾けることです。相手の立場を考え、相手も幸せになるためにはどうすればいいかを考えるのです。それが、私たちに強く生きる力を与えてくれるのです。

耳は二つ、口は一つ――。

天は、私たちにそのような身体を与えました。

そこには、深い意味が込められているように思えてなりません。

一%の素敵な人に会いたければ、
百%の人々と会いなさい。

「困ったとき」に我がことのように手を貸してくれる人がいるか

広くて深い人的ネットワーク――。

今まで、私は数多くの優れた人物・経営者に接してきましたが、これは、これらの人々に共通することでした。

その人が「実現したい」と願っていることに共感する人たちがたくさんいる。そして、その人に何か困ったこと、助けてほしいことがあれば、まるで自分のことのように力を貸してくれる、知恵を出してくれる、汗を流してくれる。そんな人がどれくらいいるかが、その人の「力」そのものなのです。

広島県呉市に会社を構えるハッピーおがわの小川意房さんは、実に深いネットワークをお持ちの方です。

同社は、「身体の不自由な人が少しでも使いやすいものをつくってあげたい」という思いで、高齢者や障害をお持ちの方のための下着や洋服、寝たきりの人のためのマットレスなどをつくっている福祉衣料・寝具のトップ企業です。

「寝たきりの祖母のために」と、この仕事を始めてからすでに三十年が過ぎました。その間、会社は赤字続きでした。

というのは、身体の不自由な方は一人ひとり異なる「不自由さ」をお持ちなので、ほとんどの商品がオーダーメイドになるために採算ベースに乗りにくいのです。だからこそ、その必要性を誰もが認識しながら、大手企業は手を出すことができないのです。

しかし、小川さんの思いは「本物」です。

忘れられないエピソードがあります。

ある日の事です――。

「この子が履ける靴下を、なんとかつくってくれませんか」

こう言って、あるお母さんが小学生の女の子を連れてきました。その女の子はリュウマチと皮膚性の難病を抱えており、普通の素材の靴下ではかぶれたり出血してしまうのです。だから、学校ではずっとズボンで過ごしていました。友達に、自分の皮膚を見せたくなかったからです。

だけど、本当はほかの女の子と同じようにスカートを履いてみたかった。ひざ下までの靴下が履けたなら、ひざ上丈のスカートを履けば皮膚を見せずにすみます。

小川さんは、「なんとかこの子にスカートを履かせてあげたい」と決意します。

そして、たったひとりの女の子のために素材研究を始めるのです。

しかし、なかなかうまくいきません。ほかの商品開発と同時進行ですから、ときには睡眠時間を削って研究しなければなりませんでした。そんな苦労を重ね、最高の綿を使った商品が完成するまでに半年以上の時間がかかりました。

開発コストを考えれば、おそらく二〇〇～三〇〇万円で販売しても利益は出ないかもしれません。それでも、小川さんは販売価格を一二六〇円（税込）にします。

そして、当たり前のことのような顔で、こうおっしゃるのです。

「どんなに赤字でも、とにかく、目の前にいる困っている人を助けたいのです」

これは、もうビジネスではありません。

慈善事業です。

しかし、私は企業活動の根本にはこの精神がなければならないと確信しています。

そして、「小川さんのような人を応援しなければならない。何があってもこの会社を潰してはならない」と思わされるのです。

小川さんは開発者としての高い能力と温かい心をもっていらっしゃいます。しかし、商売は不器用そのものですから、私はいつも心配しています。ときには、販売先の開拓に力を貸したり、経営相談に乗ったりしているのです。

私だけではありません。小川さんの周りにはそんな人がたくさんいらっしゃいます。開発に行き詰ったときには、広島県立女子大学名誉教授の水野上与志子先生、佐賀大学医学部の松尾清美准教授をはじめ数多くの研究者が支援に乗り出しました。なかには、私財を投げうって支援した人もいらっしゃいます。

かつて、小川さんは会社の立ち退《たの》きを迫られたことがありました。会社の建物の家主が亡くなり、遺産相続のために土地を売るほかなくなったのです。亡くなった家主は小川さんの志に共感して、格安で貸してくれていましたので、同じ条件で入れる物件を探すのは困難を極めました。しかも、当時、会社には一億円ほどの借金がありました。「もはや、これまでか」という思いもよぎったそうです。

そんなある日、ひとりの人物から連絡がありました。広島大学名誉教授の長町三生先生でした。こうおっしゃったそうです。

「いまの会社のある土地と建物を買いなさい……。大学からいただいた退職金を銀行に預けておくよりは、あなたのために使ったほうが、世のため人のために役に立つから……」

多くの人々は、この世は「弱肉強食」だと考えているかもしれません。

しかし、小川さんが経験されてきたこともこの世の実相です。「誰かの役に立ちたい」と考えて真剣に生きている人には、その人を支える人的ネットワークが生まれるのです。そこにあるのは、「弱肉強食」とはまったく異なる「支えあい」の世界です。そして、そのような世界は、どんな人でも築き上げることができます。

「人」を求めるから、与えられる

ありがたいことに、私にも、私を支えてくれる人的ネットワークがあります。私は「困っている誠実な中小企業の力になりたい」と思って仕事をしています。しかし、どうしても力が足りない部分もあれば、十分な時間がとれない場合もあります。そんなときに、一声かければ、我がことのように助けてくれる人が一五〇〇～二〇〇〇人ほどいてくれるのです。気がつけば、そんなに多くの方々に支えられるようになっていたのですが、振り返ってみると、その第一歩を踏み出したのは公共産業支援機関にいたころだとわかります。

私は、中小企業を訪問することで、多くの経営者や従業員が大企業から理不尽な仕打ちにあっている現実を目の当《ま》たりにし、彼らの役に立ちたいと思いました。しかし、知識が足りない。職場の上司や先輩にもいろいろ教えていただきましたが、それでも足りない。そこで、私は社外の勉強会に顔を出すようになったのです。

そこには、「中小企業の役に立ちたい」という志を同じくする人がたくさんいました。研究者、経営者、コンサルタント、金融機関や自治体の職員、新聞記者……。違う職種の人の話を聞くのは大きな刺激になりました。世界が広がっていく感覚でした。それに、「こんなすごい人がいるんだ」という人とも出会えました。私が何か月かけても解決できなかった問題に、その場で答えを与えられたこともあります。「どんな勉強をすれば、そうなれるんですか？」「どんな本を読めばいいんですか？」「どんなふうに仕事に取り組んできたのですか？」とアドバイスを求めれば、親切に教えてくれました。そして、私はそれを愚直《ぐちょく》に実行していきました。

若かった私は、当初、教えられることばかりでした。しかし、一方で、毎日のように中小企業の現場を回っている私は貴重な存在でもありました。だから、私は仕事を通して得られた知見は惜《お》しみなく報告しました（もちろん守秘義務に関することは漏らしませんが）。これが喜ばれました。私も皆さんにそれなりに認められる存在になっていったのです。

少しずつ力をつけていった私は、そこで得られた知識をもとに中小企業の相談に対応できるようになっていきました。独力では対応しきれないときには、しかるべき人物を紹介することもできました。お客さまは「あの人に相談すれば、すべて教えてくれる」というトータルな解決を求めています。だから、手に負えないときには力を貸してくれる人を知っていることが重要なのです。

これが中小企業に喜ばれ、口コミで多くの相談が寄せられるようになると同時に、多くの経営者が私にさまざまな情報や知識を与えてくれるようにもなりました。ときには、彼らが私に力を貸してくれることもありました。

こうして、私は社会のなかに人的ネットワークを築くことができるようになっていったのです。その後、私は公共産業支援機関を退職し、研究者となりいくつかの大学を経てきました。その間、若いころに築き始めたネットワークはずっと私を支え続けるとともに、さらに広く深いものへと育っていったのです。

だから、人的ネットワークを築くためには、まず何よりも「志」をもつことが大切なのだと思います。そして、その「志」を果たすために力が足りなければ、その力をもっている「人」を広く求めることです。もちろん、職場の人々とのつながりは私たちの大きな財産です。しかし、職場だけに閉じこもるのではなく、積極的に外の世界に「人」を求めてほしい。あらゆる職種で、会社や組織を超えた「志」でつながるネットワークが存在します。もしも、見当たらなければ自分でつくればいい。私も三十歳のころ「脱下請研究会」という勉強会を立ち上げたことがあります。それは、私をひと回りもふた回りも大きくしてくれました。

「出会い」を大切にする

そして、人との出会いを大切にすることです。

もしも、あなたと会いたいと言ってくれる人がいるのなら、できる限り会ったほうがいい。いくら忙しくても、工夫すれば時間をつくることができます。私にすれば、忙しいことを理由に、人に会わないのは、せっかくのチャンスをみすみす逃すことに等しい。本当に重要な情報はいつも人づてに伝わってきます。もしかしたら、人生を変えるような情報をもたらしてくれる人なのかもしれないのです。

だから、私は面会を求められれば、出来る限り調整して会うことにしています。

たとえば、保険のセールスマンから電話があったとすれば、電話での印象が悪くなければ会います。会えば、先方のセールストークを聞いたうえで、「ところで最近、契約は順調ですか？」などと水を向けます。すると、「厳しいことに変わりありませんが、こんな需要が増えてるんですよ」などと教えてくれることがあります。現場の話は面白い。新聞や雑誌などにまだ載っていない情報なのですから当然です。

あるいは、「いろんなところに営業に行ってるんでしょう。面白い会社はありましたか？」などと聞くこともあります。すると、「実は、こんな会社があったんですよ」と私が知らない会社のことを教えてくれることもあります。そして、その話に興味をもてば、実際に訪問してみることもあるのです。

もちろん、せっかく会っても何も得られないこともあります。そういうことのほうが多いでしょう。それでも、誰が自分にとって必要な情報をもっている人なのかは、会ってみなければわからないのです。

そして、一回会っただけで、その人のことを判断することも避けたほうがいいでしょう。第一印象だけで、その人がどんな人かわかるはずがありませんし、二回三回と会ううちに、まるでスルメのように味の出てくる人もいます。あるいは、少しずつこちらに心を開いて、貴重な情報を知らせてくれるかもしれません。

だから、私は求められれば、同じ人と三回は会うようにしています。もちろん、なかには何回会っても攻撃的な物言いをするような人もいますが、そのような場合には三回で終わりにすればいいのです。

大切なのは、過度な期待をせずに、できるだけ多くの人に会うことです。私の経験では、一割くらいは「いい話ができた」と思えるものです。その「一割」を積み重ねていくことです。そんな姿勢で一日一日を積み重ねることで、いつか私たちにかけがえのないい出会いをもたらしてくれるのです。

一％の素敵な出会いが人生を変える

私にも、人生を変えるような出会いがいくつもありました。

そのおひとりが、伊那食品工業の塚越寛さんです。塚越さんと出会わなければ、もしかしたら今の私はいなかったかもしれません。

私はかつて、「中小企業は自律性を高めて、〝脱下請け〟をめざすべきだ」「経営者は社員や外注企業を家族のように大切にしなければならない」という主張をし、学会で孤立していました。「右翼か？」「左翼か？」、ときには「変人」呼ばわりされることさえありました。

多くの経営者からも批判されました。私の主張は経営者には厳しい面があるために、彼らを対象に講演をすると強く反発する方がいらっしゃったのです。「実際に経営をしたこともない学者が何を言っているか」「現実はそんなに甘いものじゃない」。そんな批判を受けた日に寝床に就くときなど、「やっぱり、自分の考えは間違ってるんだろうか」と弱気になることもありました。

そんなある日、ある方から「伊那食品工業という会社は知ってますか？　一度、訪問されるといいですよ」というお話を伺ったのです。はじめて耳にする社名でした。私は、いくつかの資料でその会社について調べました。すると、素晴らしい経営内容でした。「これは！」と思い、早速訪ねていきました。

当時、社長だった塚越さんは快く会ってくれました。そして、すぐに意気投合しました。「会社は社員の幸せのためにある」「積極的な開発投資によって自律経営をする」「顧客や地域、取引先にとって〝いい会社〟になる」。こんな経営方針のもと、地味でありながら極めて健全な経営を実現されていたのです。

それは、私の研究をそのまま具現化しているかのようでした。もちろん、それまでにも私の主張を裏付けるような会社はいくつもありました。しかし、伊那食品工業ほど完璧にその要件を兼ね備えている会社に出会ったのは初めてでした。しかも、長きにわたって増収増益を継続していたのです。

そして、塚越さんは「坂本先生のお考えは、絶対に正しいですよ」とおっしゃってくれました。この言葉がどれほど私を勇気づけてくれたことでしょうか。

この出会いによって、私は自らの信じる研究を貫く力を与えられたといっても過言ではありません。そして、この出会いをもたらしてくれたのは、私が地道に築き上げてきた人的ネットワークからの情報だったのです。

だから、皆さんにも「出会い」を大切にしてほしい。

一%の素敵な人に会うために、百%の人々と出会ってほしいのです。

第3章◎喜びも悲しみもともにする

喜びも悲しみもともにする、
そんなチームをもちなさい。

10

人に支えられて、はじめて「自律」できる

孤立感――。

これは、現代のビジネスマンの多くが感じていることではないでしょうか？

近年、ギスギスした職場が増えています。その背景には、企業間競争の激化による業務密度の過密化や、行き過ぎた成果主義の導入などの要因があると考えられます。そんな中、多くの人が潤《うるお》いのある人間関係を失ってしまっているのです。

私は、「自律できる人になりなさい」と記しました。しかし、それは決して「たったひとりで生きていける力をつけなさい」という意味ではありません。むしろ、そのために自己本位な生き方をすれば、逆に「生きる力」は損なわれてしまいます。

どんな人でも、周りの人に支えられてはじめて「自律」することができるのです。その意味では、現代のように孤立しやすい環境のなかでは、本当の意味で「自律」するのは難しいといえるのかもしれません。

私は、これまでの人生でそのことを何度も噛み締めてきました。たとえば、こん

な経験をしたことがあります。とある県立大学に転籍《てんせき》した直後のことです。

そのとき、私は落下傘《らっかさん》で降りるようにして、ある学科のリーダーとして着任することになりました。そして、これから一緒に働く先生方に挨拶したとき、明らかに歓迎されていない空気を感じました。当然だと思いました。私だって、外部から来た見ず知らずの人がいきなり自分より上のポジションにつけばおもしろくは思わないでしょう。たとえ役職はトップでも、私は新参者《しんざんしゃ》に過ぎないのです。だから、「みなさんに心を開いていただいて、仲間意識を醸成《じょうせい》できるようにしなくては」と思いました。

そこで、まず最初に、「毎週、三十分だけ時間をください」とお願いして、定期的なミーティングの機会を設けることにしました。チームに関する情報、問題、成果を、対面で共有することにしたのです。先生方だけではありません、事務職の方にもお声がけしました。なぜなら、彼らも私たちのチームの一員だからです。

そして、このように話しかけました。

「今週、私たちがチームとしてやるべきことは○○、○○です。私は、月曜日は会社訪問に出かけます。行き先は××なので、緊急の連絡があったらそこに回してください。火曜日は朝からいますので、何かあったらいつでも来てください。水曜日は……。Aさん、Bさんはいかがですか?」

しばらくの間は、苦虫をつぶしたような表情で参加していた人もいました。正直に言えば、多少のつらい思いもしましたが、そこは辛抱するしかありません。

そのミーティング以外にも、私という人間を受け入れていただけるように努めました。できる限りチームの仲間と一緒に昼食をとるようにしましたし、ときには飲み会も開きました。若い先生や事務職の方の誕生日をすべてチェックして、ささやかですがお祝いの会を催したりもしました。そんなときに、皆さんの「思い」「不満」をうかがったものです。私に給料を上げる力や人事権などはありませんでしたが、自分のできる範囲で「働きやすい職場」をつくりたいと思ったのです。

「孤立」を救ってくれたもの

ちょうどそのころ、私は教授会で孤立していました。

それには、ある事情がありました。私は、その県立大学に着任してから、県内の中小企業のフィールドワークを続けていたのですが、そのなかで、たくさんの経営者から「月に一度でもいいから勉強の機会を設けてもらえないか」という声をいただいていました。そこで、「県立大学が、県民に血税をお返しするのは当然だ」と考えた私は、教授会で「皆さんで月例セミナーをやりませんか？」と提案したのです。ところが、多くの教授から「そんな時間はない」と反対されました。そのため、私はたったひとりでセミナーを始めることにしたのですが、そのために「あいつは新参者のくせに、自分だけ目立とうとして……」などと言われるようになったのです。

私ひとりで、すべてのプログラムを埋めるのはなかなかたいへんな仕事でした。聴講《ちょうこう》される皆さんは現場で役立つ知識を求めていらっしゃるので、〝机上の空論〟をお伝えしても喜んではいただけません。それに、毎回、新しいお話を用意する必要もあります。そのため、私は着任してすぐに多忙を極めるようになりました。

朝は誰よりも早く大学に行きました。連日のように、朝七時から相談者が研究室の前に並んでいたからです。授業の準備、中小企業のフィールドワーク、研究・執筆活動……。私は、土日もない生活でアップアップになっていました。

そんな私に最初に手を差しのべてくれたのは、はじめは「この人はどんな人なんだろう？」と傍観《ぼうかん》していた若い先生や事務職の方々でした。見るに見かねたのでしょう、「坂本先生、何かお手伝いしましょうか？」と言ってくださったのです。

そして、ひとりまたひとりと私を助けてくれる人が増えていきました。苦虫を噛み潰すような表情でミーティングに参加していた先生方も私をサポートしてくれるようになりました。そのおかげで、私はその大学を退任するまで「月例セミナー」をやり続けることができたのです。

もし、周りの人々の支えがなければ、私はただただ孤立を深めるだけで、途中で挫折《ざせつ》してしまっていたかもしれません。「県民に血税をお返ししたい」という志を貫徹《かんてつ》することができたのはチームの力があったからなのです。

強いチームができてはじめて、一人ひとりも強くなる

これは、あらゆる仕事に言えることです。

私たちの多くは組織に属して仕事をしています。独立して仕事をしている人もいますが、そうであったとしても、必ず誰かと一緒に共同作業を行います。そこには、必ずチームが存在するのです。それは、なぜでしょうか？

言うまでもありません。チームを組んで助け合ったほうが、より大きな「力」を発揮できるからです。すべてのことができる人など、この世にはいません。自分の苦手なこと、足りないことは他の人に助けてもらわなければなりません。他者と議論することで、それまで気づかなかったアイデアが生まれることもあります。そして、何より、人間というものは「仲間意識」が生まれたときにこそ、「頑張ろう」という強い気持ちが生まれるものです。たとえ厳しい状況にあったとしても、仲間との信頼関係があれば「なにくそ」と頑張る気持ちが湧き起ってくるのです。

ところが、こんな当たり前のことが、いま失われつつあります。

たとえば、同じ職場で働いているのに、正社員、契約社員、派遣社員など雇用形態に差があることが普通のことになりました。もちろん、そこには経営上やむをえない事情があるのかもしれません。しかし、そのためにチームの力が生まれにくい状況が生まれているのは否定しがたい現実です。

まず第一に待遇が違いすぎます。正社員にはボーナスが出るほか、住宅手当などの福利厚生があるのに、契約社員や派遣社員にはその恩恵が与えられません。そして、正社員のなかには、「あの人は契約社員だから、ボーナスが出なくて当たり前」などと考える人もいます。

しかし、立場を変えて考えてみてください。本当は正社員で働きたいけれど、やむをえない事情で派遣社員で働いている人がいるとします。その人は、「不本意な形ではあるけれども、新しい職場で精一杯頑張ろう」と思って入社しました。そして、懸命に働いていています。しかし、ボーナスの季節になり、自分は一円ももらえないそばで、正社員たちが「あれを買おう」「これに使おう」などと楽しそうに話していれば、誰だって「同じ職場で働いているのに、どうしてこんなに差があるんだろう」と思いますよ。「新卒のときにうまくいかなかったのだから、こういう待遇で働くのは仕方がない。自己責任だよ」と言われて、心から納得することができるでしょうか？

あるいは、会社の業績が悪化したときに、「まず、契約社員や派遣社員から辞めさせるのは当然のことだ」などと考える人もいます。そんな気持ちで働いていれば、いずれその本心は相手に伝わるでしょう。そのとき、彼らが心の底からチームのために貢献しようと思うでしょうか？　あるいは、彼らにそれを強いることができるでしょうか？

正社員同士でも同じことが言えます。

成果主義のために、机を並べて仕事をしているAさんとBさんの間にはボーナスに二倍の差があるとします。そして、二倍のボーナスをもらっているAさんは、それを「当たり前のことだ」と考えています。

ある日、Aさんが外出しているときにかかってきた電話をBさんが取りました。Aさんが納入した製品へのクレームでした。そのとき、Bさんは、まるで我がことのように対応することができるでしょうか？　もちろん、ここでAさんの不利になるような対応をするのは、人間として間違ったことです。しかし、多少なりとも〝事務的〟な対応をしてしまうことで、相手の方が納得するような「お詫び」の気持ちが伝わらなかったとして、それを責めることができるでしょうか？　私にはできません。人間とは、そういうものだと思うからです。

一方、Aさんが日ごろから、「私の売上げが上がっているのは、Bさんがいつも的確なフォローをしてくれているからです」と本心から公言していればどうでしょうか？　誰だって、我がことのように、Aさんのためにお詫びをすることができるでしょう。

お互いに相手を尊重し合うことがなければ、いくら隣に机を並べていても、決して本当の意味でのチームが生まれることはありません。そして、強いチームができなければ、いくら一人ひとりが身を削るような努力をしたところで、たいした「力」を発揮することはできないのです。

〝お金〟だけで会社と繋がっている社員はいらない

私の知り合いに、このことをよく理解している和田さん（仮名）という経営者がいらっしゃいます。その和田さんから、こんな話を聞いたことがあります。

あるとき、その会社は経営難に陥りました。和田さんは懸命に経営努力をしましたが、危機を乗り切るためには、どうしても人件費をカットせざるをえない状況に追い込まれました。

そこで、和田さんは経営責任を明確にし、経営陣の報酬を大幅にカットすることを説明したうえで、「申し訳ないが、一時期みんなの給料を下げさせてもらいたい。私も全力を尽くすから、みんなで頑張って乗り切っていこう」と訴えたのです。

すると、数人の社員がこう言ってきたそうです。

「なぜ、業績をあげている私の給料までカットされるのですか？　能力のない人間を切るのが先決でしょう」

和田さんはこう応えました。

「私は、リストラだけは絶対にしない。なぜなら、社員は全員家族だからだ。家族を路頭に迷わせるわけにはいかない。もしも、君がどうしても納得できないならば辞めてくれて構わない」

これを聞いた社員たちは顔を青くしたそうです。

私もまったく同感でしたが、「辞めてくれて構わないとは、厳しいですね？」とあえて尋ねました。

すると、和田さんは静かな口調で言いました。

「〝自分さえよければいい〟という社員は、単に〝お金〟でこの会社と繋がっているだけです。そういう人は、いざというときに役に立ちませんよ」

たしかにそうです。

〝お金〟だけで会社と繋がっている人は、よりよい条件の会社が見つかれば転職してしまうでしょう。あるいは、その会社がいよいよ危機的な状況になったときには、簡単に辞めていってしまうに違いありません。そのような人が何人集まっても、とてもではありませんが本当の意味で強いチームなど生まれるはずがないのです。

ちなみに、このとき、和田さんが断固とした態度をとったことが効を奏します。〝自分さえよければいい〟と考えていた社員も心を入れ替え、社員同士助け合う風土が根付いていきます。そして、何度もカベにぶつかりながらも、その会社は少しずつ業績を回復させていくことに成功するのです。

従業員の「温かい心」が職場を変える

私は、これまでに六六〇〇社の中小企業を訪問してきましたが、いつの頃からか、会社に一歩足を踏み入れた瞬間に、その会社がどんな会社なのかわかるようになりました。従業員が助け合いながら、ひとつの価値ある目的に向かって働いている会社には独特の空気が流れています。社長も従業員も柔和《にゅうわ》な、しかし、真剣な目をしています。そして、訪問者を温かく迎え入れてくれるのです。

日本理化学工業がそうです。

私は、知的障害者の皆さんが一生懸命に働いている姿、そして、それをサポートしている会社の姿に直接触れてもらいたくて、数多くの人々を同社に連れて行きました。そして、ほとんどの人がこう口にされます。

「なんて、穏やかで心地よい緊張感に満ちているんでしょう」

「社員の皆さんが生き生きとされていますね」

もちろん、その雰囲気を作り出した最大の要因は、経営者である大山さんの生き方にあったと思います。しかし、その出発点には、従業員の皆さん一人ひとりの温かい心がありました。

かつての大山さんに知的障害者に対する理解があったわけではありませんでした。たまたま大山さんを訪ねてきた養護学校の先生に「なんとか、生徒たちに就業体験をさせてもらえませんか？」と頼み込まれ、その情にほだされて、二人の少女を二週間だけ受け入れることにしたのです。

その二週間が過ぎて、「何事もなく、ふたりをお返ししなければ」と思っていた大山さんは、正直ホッとされたそうです。

ところが、最終日の終業後、ひとりの女性の従業員が大山さんのところにやってきて、こう言ったのです。

「こんなに一生懸命やってくれるんだから、ひとりか二人だったらいいんじゃないですか。私たちが面倒をみますから、あの子たちを雇ってあげてください……」

この申し出に大山さんは戸惑《とまど》いました。そして、ふたりの懸命に働く姿を思い出しました。ふたりは一言も口をきかず、無心で仕事をしていました。お昼休みのベルが鳴っても手を止めようとしません。「もう、お昼休みだよ」と肩をたたいてやっと気づくほどだったのです。

しかし、この子たちを雇用して、本当に会社をやっていけるだろうか……。

大山さんが腕を組んで考え込んでいると、彼女は「これは、私たち社員の総意です」と迫ってきます。「ほんとにいいの？」と念を押すと、「大丈夫ですよ。だんだん慣れてくるはずですから」とにこやかに応えました。その笑顔に観念した大山さんは、「それなら」ということでふたりの少女を正式に雇用することに決めたのです。

従業員の言葉に嘘はありませんでした。皆さんが、ふたりの少女をかわいがり、本当によく面倒をみたそうです。そして、職場に知的障害者がいてくれるおかげで、自然と従業員同士が助け合う風土が築かれていったのです。そんな会社に、孤立感に苛まれる人はただのひとりもいません。

まず、自分が「好意」を差し出す

ギスギスした職場か、温かい職場か――。

これを、最も大きく左右するのは経営者です。

職場内に複数の雇用形態を持ち込むか、成果主義を導入するか、といったことを決めるのは、あくまで経営者だからです。

そして、大山さんのような「優しい心」をもった経営者ばかりではありません。だからこそ、こんなにもギスギスした職場が増えてしまったのでしょう。

しかし、それでも、従業員にもできることはあるはずです。雇用形態やそのときの成績などにとらわれることなく、職場の仲間を対等な「人間」として大切にする。困っている人がいれば、親身になって助けてあげる。自分のできる範囲で、そんな言動を積み重ねていけば、その気持ちに周りの人は必ず応えてくれるようになります。信頼関係を築きたければ、まず、自分が「好意」を差し出すべきなのです。

そもそも、自分ひとりでできることなど、たかが知れているという現実を謙虚に受け止めることです。もしも、あなたが九割の貢献をし、隣の人が一割の貢献しかできなかったとしても、それぞれに懸命に努力した結果ならば、それでいいではありませんか。隣の人の支えがなければ、あなたが九割の貢献をすることはできなかったはずなのですから。

そして、ともに働く仲間と、喜びも悲しみもともにすることです。そうした経験を重ねるなかでお互いに信頼関係が生まれ、その信頼関係こそが強いチームの基礎をつくってくれるのです。

私たち、一人ひとりは弱い存在です。

だからこそ、力を合わせて強くなろうとしている――。

本当に強い人は、このことを知っているのです。

「**強者**」ではなく、「**本物**」をめざせ。

11

真っ暗闇の対話

「ダイアログ・イン・ザ・ダーク」というイベントをご存知でしょうか？

一九八九年にドイツのアンドレアス・ハイネッケ博士が発案したもので、一切の光を遮断《しゃだん》した真《ま》っ暗闇《くらやみ》を体験するエンタテイメントです。参加者は十名前後のグループを組んで真っ暗闇の空間に入り、小川のせせらぎを聞いたり、森のなかを歩いたりしながらゴールを目指します。もちろん、視覚が一切使えないわけですから道に迷います。そのため、彼らを視覚障害者がサポートするのです。

私がこれを経験したのは三年ほど前のことです。ある方から薦められて、東京都渋谷にNPO法人「ダイアログ・イン・ザ・ダーク・ジャパン」が開設したイベント会場を訪問したのです。

初対面の方々とグループを組んで会場に足に踏み入れると、そこは衝撃的な空間でした。まったく何も見えません。どこに向かって歩けばいいか皆目《かいもく》わかりません。自然と隣の人と手を取り合い、声を掛け合いながら恐る恐る歩き始めました。

普通、暗闇に入るとだんだんと目が慣れてきて、うっすらと周りの状況が見えてくるものです。しかし、ここは完全なる暗闇ですから、いつまでたっても何も見えません。その代わり、聴覚《ちょうかく》や嗅覚《きゅうかく》などの感覚が研《と》ぎ澄《す》まされていきました。そんな感覚とグループと一緒だという安心感を支えになんとか進めるという有り様でした。

そこには、「大学教授」という肩書きもなければ、外見も年齢もありません。そんな虚飾など吹き飛んで、ただただ無力な者同士手を取り合うほかない。そして、仲間同士助け合うなかで、普段はあまり意識しないような優しさを感じたり、「ひとりでは生きられないんだ」と思わされたりします。まさに、「ダイアログ・イン・ザ・ダーク」＝「暗闇の中の対話」です。

そんな私たちをサポートしてくれたのは、女性の視覚障害者でした。私たちがどこに向かえばいいかわからず立ち往生しそうになると、それを空気や声音《こわね》で察知して、「そこを右です」「階段があるので気をつけてください」とサポートしてくれました。方向感覚が弱い人がグループからはぐれそうになれば、飛んで行って連れ戻してくれます。彼女の存在が、私たちのいわば〝命綱《いのちづな》〟でした。

約一時間半の探検を終えて明るい空間に戻ったときの安堵感《あんどかん》は忘れられません。グループの間には、ほんの少し前まで見ず知らずの間柄《あいだがら》だったとは思えない親密な空気が流れていました。そして、全員がサポートしてくれた女性にお礼の気持ちを伝えていました。

せめて〝火の粉〟をはらってあげる

しばらくすると、サポートしてくれた女性はこんな話をしてくれました。

私は兵庫県の出身です。ある雑誌にこのNPOのことが紹介されているのを母親が見つけました。視覚障害者を募集しているという内容で、その話を聞いた私は行ってみたいと思いました。そして、生まれて初めて上京して面接を受けたのです。生まれてからずっと、私に働くチャンスを与えてくれる場所はありませんでした。ここで初めて働くということを知ったのです。

それまでの私の人生は、健常者の方にお礼を言い続ける人生でした。「案内してくれてありがとう」「荷物をもってくれてありがとう」と、こちらがお礼を言うばかりだったのです。ですから、人の役に立てたとか、必要な人になれたという実感はまるでありませんでした。

だから、ここに来てお客さまに「あなたのおかげで助かった」「あなたがいたから、ここまで来られた」と言っていただけるのが本当に嬉しいんです。おかげで、私の人生は一変しました。お礼を言い続ける人生から、お礼を言っていただける人生へと変わったのです。

幸せとは、人の役に立つことなんだ、人から認められることなんだ、人から必要とされることなんだと実感します。

もし、このNPOがなくなったら、私は再びお礼を言い続ける人生になってしまいます。どうか、このNPOがずっと続き、私たちの働く場が保てるように応援してください。

私は、彼女に「応援しますとも……命ある限り……」と応えました。

NPO法人「ダイアログ・イン・ザ・ダーク・ジャパン」の代表は金井真介という方です。金井さんは、今から十五年前に新聞の囲み記事でハイネッケ博士の取り組みを知ります。健常者と障害者の立場が逆転する経験を通して社会を変えることができると直感した彼は、ハイネッケ博士に手紙を書き、日本でも開催したいという気持ちを伝えました。博士の快諾《かいだく》をもらった彼は、ゼロからこのプロジェクトを立ち上げます。それは困難を極めました。なにせ、ほとんどの人が「ダイアログ・イン・ザ・ダーク」のことを知らないのです。賛同者を募ることもままならなかったはずです。それでも、彼はあきらめずに努力し続け、ついに渋谷で実現させることに成功したのです。ただ、あくまで単発のイベントとしての実施でした。今、彼は、これを常設にすべく全力を尽くしているところです。

私は、常々こう考えてきました。

私たちがやらない、やれない、よいこと・正しいことをしている人を見つけたら、私たちがやることは、その人を支援してあげることだ、と。そして、もしその人が〝火の粉〟をかぶっているならば、せめてその〝火の粉〟を払ってあげるべきなのです。

金井さんは、間違いなくそんなおひとりです。

視覚障害者に働く場所を提供しようとする志はもちろんのこと、私たち健常者にも極めて大切なことを伝えようとしてくれているからです。

私は、「ダイアログ・イン・ザ・ダーク」を体験したとき、改めて痛感したことがあります。それは、「強者」と「弱者」は絶対的なものではない、ということです。「強者」と「弱者」は、状況によって入れ替わる相対的なものにすぎません。

「ダイアログ・イン・ザ・ダーク」は、そのことを端的に教えてくれます。なぜなら、視覚障害者は世間では「弱者」と認識されていますが、真っ暗闇のなかでは立場は逆転し、「目の見える人」が「弱者」となるからです。そして、世間で「弱者」とされる視覚障害者が「強者」となり、私たちを助けてくれるのです。

それは、この世の実相そのものです。

「本物の強者」と「偽物の強者」

私は、長年、数多くの中小企業を見てきました。

それを振り返ると、世の無常を感じないわけにはいきません。

かつて「強者」だった会社が「弱者」となり、かつて「弱者」だった会社が「強者」となる。景気のいいときに羽振《はぶ》りのよかった経営者が、景気の悪化とともに困《こん》窮《きゅう》していく姿も数多く見てきました。長く業績が上がらず「弱者」の立場に立たされてきた経営者が、時代の変化によって「強者」へと育っていく姿も見てきました。

どんな会社にも、いいときもあれば、悪いときもあるものです。そして、この世は常に移り変わっていくものなのです。

もちろん、経営者だけではありません。ある職場で〝スター〟だった社員も、異動になったり転職した途端に「弱者」の立場に立たされることがあります。新しい上司とソリが合わないだけでも「弱者」になりうる。あるいは、病気になったり、ケガをしたり、障害をもったりするかもしれませんし、家族の病気や障害のために仕事に十分な力を注げなくなることもあるでしょう。そして、あらゆる人は年老いていきます。

すべての「強者」は、いつか「弱者」の立場に立つ定めにあるのです。だから、強く生きるとは「弱者にならない」ということではありません。それは、避けられないことだからです。

では、強く生きるとはどういうことなのか？

私は、「本物」になることだと考えています。

「強者」にも「弱者」にも二種類あります。「本物の強者」と「偽者の強者」、「本物の弱者」と「偽者の弱者」です。そして、「偽者」は必ず滅びるのです。

「偽者」は滅びる

かつて、こんな経営者に出会ったことがあります。

当時、彼の会社は、好景気の波に乗って大企業から大量の受注が続き好業績を上げていました。立派にあつらえた社長室のなかで彼は綺麗なスーツを着て上機嫌でした。そして、ベンツを乗り回し、平日でも〝付き合い〟と称してゴルフに出かけるような毎日を送っていました。

一方、工場は薄暗く、不衛生な環境で、従業員は汗まみれになりながら働いていました。しかし、社長に不満を言う人はいません。なぜなら、経営者は「強者」で従業員は「弱者」だったからです。

しかし、彼は「偽物の強者」でした。

それから数年後、彼を取り巻く環境は一変しました。

景気の悪化とともに、大企業からの発注は激減。その会社の業績も急激に落ち込んでいったのです。彼は不機嫌になり、従業員に怒鳴り散らすようになります。口を開けば、「景気が悪い」「大企業が悪い」「社員が悪い」と他者を責め続けました。

そんな彼は、公共産業支援機関に勤める私に窮状《きゅうじょう》を訴えます。そして、「大企業から仕打ちを受けた〝弱者〟を助けるのが公共機関の務めじゃないんですか？」と言い募《つの》るのです。

もちろん、職務上、支援制度の案内はしました。しかし、私は心のなかの声を打ち消すことはできませんでした。

この人は「偽物の弱者」である――。

なぜなら、彼は年老いているわけでも、身体が不自由なわけでもないのに、自ら知恵を出して、汗をかいて自律していこうとはしなかったからです。

そして、彼の会社は内側から崩れていきました。

愛想を尽かした従業員の士気は上がらず、ひとりまたひとりと去っていきました。追いつめられれば追いつめられるほど、彼は他者をなお一層責めるようになるばかり。いつしかその会社は消え去っていったのです。

「本物」は決して、このような生き方はしません。

「本物の強者」は、例外なく、どんなときでも、弱者の幸せを軸としたブレない言動をします。そして、彼らは苦しい立場に立たされたときも、大声で助けを求めるようなことはしません。何が起こっても、「自分が撒《ま》いた種だ」と自力で苦境を乗り越えようとします。「たいまつは自分の手で」と、外部環境に何かを期待するのではなく、自分の足元は自分で照らして生きているからです。

日本理化学工業の大山さんの生き方をご覧ください。

同社では、かつて大企業の下請を担っていた時期があります。その大企業の社長さんにも、知的障害者の雇用の力になりたいという思いがあったのです。しかし、業績の悪化から、より人件費の安い中国に発注せざるをえなくなりました。

このとき、大山さんは大企業への恨《うら》みごとを口にするどころか、それまでの好意への感謝を伝えます。そして、知的障害者の雇用を守るために、ご自分が所有する不動産を処分して損失の穴埋めをしたのです。私は、ここに大山さんの本当の強さを見る思いがします。

そして、世の中は捨てたものではない。そんな大山さんの姿を見かねた取引先が、「うちの仕事を手伝ってもらえませんか？」と手を差しのべたのです。そんな支えもあって苦境を脱した大山さんは、その後、より安定した雇用を実現するために

〝脱下請〟に向けて自らの足で歩み出すのです。

逆に、「偽物の強者」はその「強い立場」に胡坐《あぐら》をかいて、自己中心的な言動をします。弱者の〝声なき声〟などに耳を傾けるはずもありません。

そして、状況が変わって苦境に陥ると、「環境が悪い」「市場が悪い」「政策が悪い」と他者を責めるばかりで、自らに矛先を向けることはありません。「偽者の強者」は「偽者の弱者」になるのです。そのような人に、誰かが本気で力を貸そうとすることはありません。そして、彼らは滅びていくのです。

間違えてはいけません。

「弱者」になったから滅びるのではありません。「偽者」だから滅びるのです。


もう一度言います。

「強者」と「弱者」とは絶対的なものではありません。

それは、状況によって簡単に入れ替わる相対的なものにすぎません。

そして、本当に強く生きるとは、「強者」になることではなく、「本物」になることなのです。

人生に遅すぎることはない。

12

誰もが道を誤り、道に迷う

この世に完璧な人などいません。

誰もが、道を誤ったり、道に迷ったりしながら、よりよい人生を求めて歩んでいくものです。私自身がそうですし、私の教え子たちもそうです。

私はいま、法政大学大学院で経営者や会計士、コンサルタントなど、「真の経営を学びたい」と志す約四十名の社会人を対象にしたゼミを主宰《しゅさい》しています。

多くの学生たちは、それまでの人生に違和感を覚えたために私のもとに集まってきた人たちです。もちろん、経営の専門的なことも学ぶのですが、「ともに生き方を学ぶ」といったほうが適切かもしれません。

あるとき、ひとりの経営コンサルタントが入学を希望してきました。

彼は四十八歳。豊富なキャリアと実績をもち、経営コンサルタントとして押しも押されもせぬ存在でした。

そんな彼は、真剣な表情でこう訴えました。

「これまで、経営コンサルタントの職務の果たし方を間違えていたことに気づきました。私は、顧問を務める企業がライバルを打ち負かすために全力を挙げていました。先輩にそう教えられてきたからです。しかし、そのために、あと十年も二十年も仕事を続けていくことを思うと、言いようのない無力感を覚えるのです……」

これまでの彼は現代のビジネス社会における〝多数派〟でした。そして、彼はその〝多数派〟のなかで実力を認められるまで身を削るような努力をしてきたはずです。その果てに〝無力感〟を覚えるとは、さぞかしつらいことだろうと察しました。

私は常々、「従業員はもちろん、下請やライバル企業も含め、みんなが幸せになるようなwin-winの関係を築いていこう。それが、経営者の務めです」と訴え続けてきました。彼は、私の講演会に何度も何度も通って、ついに「生き方や働き方を変えよう」と決意したのです。

彼は、こんなことも口にしました。

「利益を出すため、会社のシェアを高めるため、会社を大きくするために働いてきました。しかし、それはキリがない。終わりがないんです。〝いったい何のために生きてるんだろう？〟そんな思いを、もう抑えることができなくなったのです」

もちろん、私は彼を励ましました。

もしかしたら、これまでに彼は仕事を通して誰かを傷つけてきたのかもしれません。しかし、それを私は責めることはできません。なぜなら、社会全体が彼と同じ価値観で動いてきたのです。その社会の価値観に適応しようと努力した彼を、一方的に責める権利など誰かにあるのでしょうか？

その後、彼は優秀な成績で入学してきました。

そのときの彼の晴れがましい表情を見て、私は嬉しく思ったものです。

「取り返しのつかないことをしてしまった」という思い

近年、私は全国各地で経営者を対象に講演する機会が増えてきました。

中小企業のフィールドワークを続ける傍《かたわ》らですから、正直なところ負担に思うこともあるのですが、それだけ困っている方が多く、勉強したいということなのですから、できる限り応えたいと思っています。

そして、講演を重ねるなかで痛感させられることがあります。それは、なんとこの世には、自らの過ちを悔い、苦しんでいる人が多いのか、ということです。

私の話は、経営者に対してとても厳しいものです。

「リストラは絶対に許さない。認めない。もしも、リストラをやるんだったら、自分の腹を切りなさい。社員とともに、経営者も路頭に迷いなさい。そうすれば、路頭の冷たさが肌身に沁みてわかるでしょう」

「五人家族で三杯のゴハンしかなかったならば、お前は食べるな！　という親がどこにいますか……。親ならば五等分するどころか、私は先に食べたから……とウソを言うでしょう」

そんな話をするわけですから、ときどき怒ったように憤然《ふんぜん》として途中で退席する方もいらっしゃいます。

ある講演会でこんなことがありました。

そのときも、途中退席した方がいました。講演会が終わると、主催者の経営者が私に駆け寄ってきて、「たいへん失礼しました」とお詫びをおっしゃいました。そして、こう続けたのです。

「先生のお話を聞いていると、つらくて、とてもじゃないけどその場にいられなくなってしまうのです。私も最初のころはそうでした。私もかつてリストラをしたことがあります。だから、先生のお話を聞いていると、〝人殺し〟と同じようなことをやってしまった、取り返しのつかないことをやってしまったという思いが湧いてきて、苦しくて苦しくて耐えられなくなって会場を出てしまうんです。今でも、先生の話を聞くとつらくなるときがあります。だけど、自分自身への戒《いまし》めとして、年に一〜二回は先生の話を聞かなくてはと思うんです」

私は一瞬、言葉を失いました。

私はいつも真剣に話をします。六六〇〇社の中小企業の現場をこの目でみて、四十年にわたる研究でつかみ取った「経営学」をお伝えしようと努力しています。しかし、それが、これほどまでに経営者を苦しめているとは知らなかったのです。単に、怒らせてしまったとばかり思っていたのです。

たしかに、「かつて誰かを苦しめたから、その報いとして苦しむのだ」と言い得るのかもしれません。しかし、私にはとてもそんな言葉は口にできません。むしろ、自らの過ちに真摯に向き合おうとするからこそ、強い痛みを感じているのです。その「過ちに向き合おう」とする姿を応援することこそ私の役目です。だから、より一層、研究を深めて心を込めて話さなければと思わされるのです。

そんな私を励ましてくれるのは、主催者の経営者のような方です。最初は反発したとしても、私の話をきっかけに自らの過ちを悔い、「正しい道」を踏み出す勇気をもつ方は確かにいらっしゃるのです。

だから、こう信じることができます。

途中退席した方も、きっと私の話を受け入れてくれる。反発したということは、それだけ心の深いところに私の話が届いたということです。そんな心をおもちの方は、いつかきっと正面からご自分の生き方に向き合うようになるはずです。

人は変われる

私が、ゼミの学生たちから学ぶこともたくさんあります。

壮絶な人生を送ってきたひとりの若者をご紹介しましょう。

彼は恵まれない幼少期を過ごしました。生まれてすぐに捨てられ、施設で育ちました。ある夫婦がもらってくれましたが、養父はアルコール依存症で、養母が稼いだお金をすべて酒代につぎ込んでしまいます。家庭内は暴言暴力に支配されていたそうです。

彼は次第にグレ始め、十代のころに暴力団に入ります。そこで罪を犯し、刑務所に入れられます。まさにどん底でした。

しかし、その環境が彼を変えていきました。

服役中にいろいろな本を読みながら、自分の人生を振り返ったそうです。そして、つらい境遇にあるのは、「養父のせい」「学校のせい」「社会のせい」と周りを責めてばかりいた自分に気づきました。一方、養母をはじめ、そんな自分を支えてくれた人がいたことに思い当たります。

違う人生を送りたい——。

そう、強く思ったそうです。

しかし、出所して真面目に働こうとしても、どこも受け入れてはくれませんでした。心から更生《こうせい》した彼でしたが、社会の風当たりは厳しかった。再び、「社会のせい」にしたい思いが首をもたげたこともあったそうですが、彼はなんとか踏みとどまります。

そして、自ら建設会社を興《おこ》すのです。

当初は、たいへん苦労したようですが、仕事が軌道《きどう》に乗り始めると、自分と同じようにドロップアウトした若者を積極的に受け入れるようになります。どこにも雇ってもらえない若者を雇って、徹底的に教育訓練するのです。

おそらく、苦労してきた彼の人柄の力なのでしょう。多くの若者は心を入れ替え、彼の期待に応えようと一生懸命に仕事に励むようになります。そのおかげで、公共事業がどんどん削減されて不景気な建設業界のなかで、急成長を遂げていくのです。

現在、従業員は約三十人。まだまだ小さな会社です。しかし、温かい心をもった会社です。東日本大震災のときには、すぐさまボランティアで社員を派遣。被災地の復旧に全力を尽くしました。このような利他の心あふれる経営をする彼が、かつて暴力団にいたとは誰も想像できないでしょう。

しかし、人は変われるのです。

そのことを、体現する彼に、私はどれだけ勇気づけられたかわかりません。

人生の評価は死ぬときに決まる

彼だけではありません。

私のゼミには六十歳どころか七十歳を超えた方もいらっしゃいます。その方は、かつてある地方都市で企業経営をされていました。その地域の知り合いに聞くと、すご腕の経営者だったそうで、地元の有力者として怖れられる存在だったと言います。そして、「あの彼が、先生のゼミに入ったのですか？」と驚いていました。

しかし、ゼミに毎週通ってくるその方は、物静かでとてもそんな人物だったとは思えません。あるとき、彼はこうおっしゃいました。「先生のご本を読んで、自分のかつての生き方は間違っていたのかなと思いましてね。死ぬまで勉強です」。きっと、その方も「変わりたい」とお考えになったのに違いありません。

私は、いつも自分に言い聞かせてきました。

訂正のきかない過去に思いを馳《は》せるより、明日を夢見て、今日を精一杯生きるべきだ、と。もちろん、私にも「あのときこうすべきだった」と悔いることはありますし、「申し訳ないことをしてしまった」と思う相手もいます。そんな自らの過ちに向き合うことは大切です。

しかし、「あのときこうすればよかった」と、いつまでも過去を悔いていても何も生み出すことはできません。そんなことよりも、変えることのできる、また、つくることのできる明日を夢見て、今日この日を精一杯生きることです。

そして、人生に遅すぎるということはありません。

私は、人間の評価とは、死ぬときに決まるのだと思います。たとえ、あるときまで間違った生き方をしたとしても、改心して新たな一歩を踏み出せば、必ず理解し、応援してくれる人が現われます。もしも、そんな仲間に見送られることができたとしたら、それは幸せな人生だと思うのです。

人は、いつでも、思い立ったときから変わることができます。

その勇気をもつことこそ、本当に強く生きるということなのです。

第4章◎人生でいちばん大切なものを知る

涙の数だけ、人は強くなれる。

13

誰もが「負の感情」に苦しむ

怒り、恨み、憎しみ……。

生きていると、私たちはしばしば「負の感情」に襲われます。

かく言う私も、そうした感情と無縁《むえん》で生きてきたわけではありません。

かつて公共産業支援機関に勤めていたころのことです。私は、当時の職場のミッションを越えて、困っている中小企業経営者の相談に対応していました。そのうち、職場にかかってくる電話のかなりの数が私あてのものになり、事務所まで私を訪ねてくる方も増えていきました。皆さんは、仕事が終わってからいらっしゃるので、私の職場の就業時間後の訪問にならざるをえません。そのため、職場に迷惑をかけないように、近所の喫茶店でお話を伺うこともありました。

ところが、これが問題となりました。

「坂本が職場以外の場所で経営者と出会っているのは、何かやましいことがあるからだ……」

そんな噂が流れるようになったのです。なかには、「売名行為だ」「ええかっこして」といった誹謗中傷《ひぼうちゅうしょう》も聞こえてきました。その声が気にならなかったと言えばウソになります。

そのころ、私は目の前で苦しんでいる経営者を放っておけず、連日夜中まで調べものをして、土日もすべて仕事に費やすような生活を送っていました。それだけに、「どうして、わかってもらえないんだ」と、いわれのない誹謗中傷に対する怒りや恨みのような感情に苦しめられたものです。

ただ、私はある意味では恵まれていました。なぜなら、多くの経営者が一刻を争う危機と戦っていましたから、私もとにかく目の前の仕事に集中しなければならなかったからです。「負の感情」に浸《ひた》っている時間などなかったのです。いわば、私は「忙しさ」に支えられていたと言ってもいいでしょう。

そして、こう思います。

もしも、あのとき「負の感情」に囚《とら》われていたら、今の自分はなかったのではないか、と。

なぜなら、「負の感情」は私たちの精神を蝕《むしば》んでいくからです。自分がそのような立場に立たされることの理不尽に怒り、「周りが悪い」と恨むばかりでは、一歩も前に進むことはできません。そして、「負の感情」に支配されて貴重な人生を費やしてしまうのは悲劇そのものです。

しかし、「負の感情」を手放すのは簡単なことではありません。あのとき、私に「忙しさ」という支えがなければどうなっていたかわかりません。そして、本当に強い人とは、この「負の感情」を自らの意志で乗り越えていく人なのだと思わされるのです。

想像を絶する苦しみ

その意味で、私が心の底から尊敬するのがキシ・エンジニアリング社長の岸征男さんです。

島根県出雲市にある同社は、社員十一人、年間売上高二億円。とても小さなメーカーですが、世界に誇る福祉製品・福祉機器を製造し続けている素晴らしい会社です。脳障害を改善するための呼吸トレーナー、座席が指一本で前後左右に回転し上下運動するリフト付電動車椅子、自力で歩けない人のためのサドル付歩行器など、世界中の本当に困っている人が生きていくために欠かせない製品を採算度外視で開発しているのです。

岸さんは、もともとは地元・島根にある三菱農機の研究所で新製品の開発に取り組む優秀なエンジニアでした。そこで実績を積んでいた岸さんが娘さんを授かったのは一九七六年のこと。元気一杯に目を輝かせてよく笑う赤ちゃんでした。それはそれは可愛らしく、岸さんは幸せの絶頂だったといいます。

ところが、七か月後――。

娘さんに異変が起きます。ある日、嘔吐《おうと》をしてみるみる元気をなくしていったのです。慌《あわ》てた岸さんが近所の病院に連れていったところ、「ただの風邪です」と診断されました。そのときは、ホッと胸をなでおろしましたが、その後も娘さんの容態は悪くなる一方でした。とても、「ただの風邪」とは思えません。

そこで、再び同じ病院に連れて行くと、「うちでは手に負えないので、総合病院へ行ってください」と言います。岸さんは紹介状を手に総合病院へ直行しました。すると、診察した医師は血相《けっそう》を変えてこう言ったそうです。

「どうしてこんなになるまで放置していたんですか？」

髄膜炎《ずいまくえん》を起こし、すでに右の脳が炎症《えんしょう》で全部やられてしまい、左の脳だけで生きている状態だったのです。

岸さんは愕然《がくぜん》としました。そして、身体を動かすこともできず、苦しそうにかすかな息をする小さな小さな娘さんに、「気づいてあげられなくてごめんね」と、ただただ謝ることしかできなかったそうです。

娘さんは視力をほぼ失い、聴覚はかすかに残っていたようですが、呼びかけても反応はありません。身体から力が失われ、食べ物を飲み込むことすらできませんでした。

「悲嘆にくれて、仕事も何も手につかなくなってしまいました」

そう岸さんは振り返ります。私には、その岸さんの思いを推察することもできません。もし、そのとき、そばにいたとしても言葉をかけることもできなかったでしょう。

しかも、彼に落ち度はなかったのです。最初に訪れた病院の完全なる誤診。私であれば、その医師に怒りをぶつけていたかもしれません。そして、それは正当な怒りであったでしょう。

今なら告訴になるケースです。しかし、当時は医療過誤訴訟《いりょうかごそしょう》を起こすのはレアケースで、岸さん自身、「告訴しても子どもがよくなるわけじゃない。同じ時間を使うなら治す努力をしたほうがいい」と考えました。

そして、彼は少しでも娘さんの近くにいてやれるように、三菱農機を退職して、自宅に近い小さな電気工事会社に転職します。とはいえ、会社にいる間はそばにいてあげることはできません。そのため、娘さんの世話は奥様が一手に引き受けていました。仕事が終わって自宅に帰ると、家の中はいつもとんでもない状況でした。苦しむ娘さん、そして疲れ果てる奥様……。その様子を見つめながら、「妻に任せっきりの自分は、このままでいいのか……」と自分を責める毎日だったそうです。

そして、岸さんは独立を決意します。自宅の納屋《なや》を改造して工房にすれば、いつでも家族と一緒にいることができます。そして、娘さんのため、そして、娘さんと同じ苦しみを生きる人々やその家族のために役に立つ福祉機器の開発に着手するのです。

「苦しみ」から生まれた、愛に溢れる製品

彼の製品は、娘さんの苦しみを少しでも和《やわ》らげてあげたいという愛に満ち溢れて

います。

たとえば、「呼吸トレーナー」という製品があります。

岸さんご夫婦は、長年、娘さんの脳を活性化するために、人間能力開発研究所というアメリカの機関が開発した「呼吸のプログラム」を行っていました。胸のまわりを手でギュッと締めたり離したりして呼吸を助けることで、脳に酸素を届けるプログラムで、これを続けていると、娘さんの目が輝き始めて、カチカチにこわばっていた身体もしだいに緩み、発作も減るのです。

しかし、毎日毎日、何時間もこのプログラムを行うのは本当にたいへんです。そこで、岸さんは、自動で「呼吸のプログラム」ができる機械の発案を志します。そして、エンジニアとして培《つちか》ってきた能力のすべて注ぎ込んで、「呼吸トレーナー」を開発するのです。

この機械を装着《そうちゃく》すると呼吸がスムースになり、娘さんは気持ちよさそうに眠りにつけるようになり、ご夫婦の負担もかなり減らすことができました。それだけではありません。この製品は、世界中の脳障害を抱える人々やその家族の苦しみを和らげることに成功するのです。

ただ難点がありました。機械の音です。その音のために、せっかく眠りについても眠りから覚めてしまう人がいるのです。あるいは、呼吸と加圧のリズムが合わずに目が覚めてしまう人もいました。そのため彼は改良を重ねます。そして、十年以上もかけて、ほとんど無音で性能も格段にいい現在のモデルをつくり上げるのです。

その間、かなりの設備投資を行いましたが、それでも値段は三一万円（税抜）です。世界中から注文を受けていますが、とても採算のとれる価格ではありません。

「この製品で儲けようとは思っていないんです」

そう話す岸さんは、福祉機器のみならず工作機なども製造することで経営を成り立たせているのが現状です。私も微力ながら、岸さんが福祉機器に専念できるようにするために、経営アドバイスをさせていただいているところです。

悲しみの果てにつかんだ「本当の強さ」

しかし、神様は無情です。

実は、この最新モデルの「呼吸トレーナー」を最愛の娘さんが使うことはありませんでした。二〇〇四年、突然の心臓発作で亡くなってしまったのです。まだ、二十九歳のときでした。

「わが娘を亡くすことぐらいつらいことはありません。自分の身体の一部のようなものですから……」

今も、岸さんは娘さんのことを思い出さない日は一日もないそうです。しかし、こうおっしゃいます。

「娘は毎日、元気でニコニコしていて、いつも〝ありがとう〟という表情を私たちに投げかけてくれていました。あの子と一緒に暮らしたことは本当に楽しかった。苦労だったとはこれっぽっちも思っていません」

私は、この言葉を聞きながら、溢れる涙を止めることができませんでした。そして、「なんと強い人なんだろう」と目を見開かされる思いでした。

岸さんも、私たちと同じ人間です。きっと、「負の感情」にとらわれそうになったことがあるはずです。誤診をした医師を恨みたい気持ちがなかったはずがありません。苦労してつくり上げた「呼吸トレーナー」を使うことなく娘さんの命を奪った神様の無慈悲《むじひ》にも苦しめられたはずです。

しかし、岸さんは、いつもその「負の感情」を乗り越え、いえ、むしろそれをバネにするかのように、世のため人のためになることを実践し続けてきたのです。

これが、人間の真の強さでなくて何でしょうか？

岸さんは、娘さんを亡くした今も、世界中の本当に苦しんでいる人々のために画期的な製品を生み出し続けています。

社会貢献に常につながるような製品を開発したい。お客さまが満足してくれることが第一。一時の利益のために何かをするのではなく、長い目で信頼関係を築いていきたい――。そう考えていらっしゃるのです。

なぜ人間がこの世に生まれてきたのか。
人間としてどうあるべきか、
何をすべきなのか。
娘や障害のある人たちを見てきて、
人間としての役目というか、
生き方というか、
そんなものが自分なりに自然にわかるようになってきました。

想像を絶する悲しみ、ご苦労を経験されてきた末にたどり着いたこの岸さんの言葉を、私は胸に深く刻んでいます。

そして、「負の感情」にとらわれそうになったときには、この言葉を思い出すことで、自分なりに「人間としての役目」を果たし続けようと勇気づけられています。

岸さんと話をしていると、「先生の考え方、生き方は私と同じですね……」と言ってくださいます。その言葉に恥じぬ生き方をせねばと気持ちを引き締められるのです。

涙の数だけ、人は強くなれる――。

岸さんは、このことを人生を通して教えてくれているのです。

「痛み」を知りなさい。
それが、君に力を与えてくれる。

14

本当に強い人は皆、「苦しみ」を経験した

人生には「痛み」が伴います。

正しいことをしても理解されず、ときには孤立してしまうこともあります。努力の甲斐《かい》なく失敗をすることもあれば、思いも寄らない不幸が訪れることもあるでしょう。そして、私たちは、いつかは愛する者を失う定めにあります。

誰だって、できることなら「痛み」を避けて生きていきたい。しかし、それは避けがたく人生に訪れ、私たちを打ちのめします。

私は、それほどの苦労をしてきたわけではありません。それでも、ときに「痛み」は耐えがたく私を苛《さいな》みました。

若いころには、「親方日の丸」「やってもやらなくても同じ……」といった組織風土のなか、目の前で苦しんでいる経営者や従業員を助けようと努力すればするほど、組織内で孤立しなければなりませんでした。大学では〝象牙《ぞうげ》の塔《とう》〟の理不尽に悩まされたこともありましたし、学会でも長く異端者として扱われてきました。それらの経験は、たしかに私の心を痛めつけました。

しかし、今となってみれば、それらの経験こそが、私を人間として多少なりとも成長させてくれたのだということがわかります。

それを教えてくれたのは、これまで触れ合うことができた数多くの「本物の強者」です。そして、彼らの生き様と自分の人生を照らし合わせながら、強く確信していることがあります。

それは、本当に強い人で、苦しみを経験したことのない人はいないということです。

そういう人は、外からは見えないけれど、涙をいっぱい流し、とてつもない苦労をされています。そして、自分が痛い思いをたくさんしてきたからこそ、人の痛みがわかる。

それは「同情」ではありません。他者の「痛み」をまるで自分の「痛み」のように感じられる、そういう「力」＝「利他の心」が培われているのです。

だからこそ、その人の痛みに寄り添って、なんとか力になってあげたいと思う。

そのためには、どうすればよいのかと考える。

その純粋な思いが、回りまわってその人の「強さ」になっているのです。

生半可ではない覚悟

伊那食品工業の塚越寛さんはそんなおひとりです。

塚越さんは常々、「会社は社員を幸せにするためにある」とおっしゃっていますが、それは決して口先だけではありません。その言葉を貫くために、塚越さんは生半可《なまはんか》ではない覚悟を秘めていらっしゃるのです。

弱冠二十一歳で伊那食品工業の実質的な社長になった塚越さんは、従業員と一緒に現場で肉体労働に汗を流しました。当時の寒天づくりはたいへんな重労働でした。水浸《みずびた》しの工場のなかで、海藻《かいそう》を煮たり、プレスをかけたり……。苦労をともにする従業員たちと知恵を出し合って、少しでも快適な環境をつくろうと努力されたといいます。

しかし、そんな矢先に大きな試練が訪れます。今にも倒産しそうになっていた会社をやっとの思いで黒字にした直後のことです。

当時、ところてんをつくるためのプレス脱水には重石《おもし》を使っていたのですが、操作を誤った従業員の足の上にその重石が落ちるという事故が起きてしまったのです。

無残《むざん》にも、その従業員の足先は潰れてしまいました。長期休業を余儀なくされるほどのケガでした。

塚越さんは、大きなショックを受けます。

昨日まで一緒に働いていた人が立ち上がれないほどのケガを負ったのです。

たしかに、その人の操作ミスが原因でした。もしかすると、「操作手順の遵守《じゅんしゅ》」を徹底させることで対応を済ませることもできたかもしれません。

しかし、塚越さんは、少しミスしただけで大ケガが起こりうるプレス機を使い続けていたことに対して、大きな責任を感じるのです。

このまま同じプレス機を使っていれば、同じような事故が再び起きないとも限りません。しかし、最新式のプレス機は目が飛び出るような金額でした。なにせ、ようやく黒字化したばかりの会社です。明らかに過大投資でした。いまだ多額の負債を抱えているなか、そのようなプレス機を導入すれば下手すると会社を潰してしまいかねません。従業員の安全を図ることは当然としても、そのために会社をなくしてしまっては元も子もありません。おそらく、親会社やメインバンクも簡単には了解しないでしょう。

「痛み」を知る人は強い

塚越さんは悩み抜きます。

しかし、腹を決めます。

従業員を不幸にするような会社ならないほうがいい――。

そう思い切ったのです。

そして、反対する周囲を説き伏せて、最新式プレス機の導入を決めます。

これは、なかなかできることではありません。しかも、塚越さんはまだ二十代前半だったのです。私は、この話を聞いたとき、その「人間としての強さ」に驚嘆《きょうたん》すら覚えました。

なぜ、そんな決断ができるのか？

答えはひとつしかないと思いました。それは、塚越さんが、人間の「痛み」を知っていたからです。

塚越さんは、幼少期から苦労されてきました。洋画家だった父親を八歳のときに亡くされ、残された兄弟五人の子どもを、母親は女手ひとつで育てなければなりませんでした。

小学生のころから、塚越さんは、仕事に出かける母親に代わって家事の一切をこなしました。学校を休まなければならないことも多かったそうです。そうして、なんとか中学校を卒業して、アルバイトしながら高校へ通うようになります。そのころ、いずれ国立大学に入学することを夢みていたそうです。しかし、そんなときに、過労と栄養失調から肺結核に罹患《りかん》してしまうのです。

動くことすらままならず、「死」と向き合う三年もの生活のなかで、どれほどやる瀬ない思いをされたことでしょうか。私は想像します。そんな日々のなか、人は「命」というものの尊さを深く深く心に刻むのではないか、と。

後に塚越さんはこう書き記されています（『リストラなしの「年輪経営」』、光文社）。

辛く苦しい日々を過ごしましたが、悪いことばかりではなかったと思います。あの逆境は、私に人間としての基礎を築いてくれたのです。貧しさ、辛さ、苦しさ、悲しさというものは、人を育ててくれます。

ひどい境遇を体験したからこそ、人の痛みや苦しみが理解できるのです。人の情けも身にしみて分かるようになるし、ささやかでも希望を持つことの大切さも分かるようになりました。これは理屈ではありません。経験しないと、分からないことなのです。

このような経験をされた方が、事故を起こした従業員に対して「それはあなたの操作ミスですから……」という考え方をするでしょうか。「誰かの犠牲のうえに成り立つような経営」をしようと思うでしょうか。従業員に危ない仕事をさせて平気でいられるでしょうか。そんなわけはありません。大ケガをした従業員の「痛み」に心を重ね合わせるでしょうし、何よりも「命」を大切にしようとされるはずです。だからこそ、あのとき塚越さんは断固として正しい〝過大投資〟に踏み切ることができたのです。

そして、これが塚越さんに「力」を与えました。

最新式のプレス機を導入したことによって、従業員の安全性が確保できたのはもちろん、生産性も格段に向上しました。何よりも、この塚越さんの決断を従業員が喜んでくれました。「私たちのために、そこまでやってくれるのか……」と俄然《がぜん》やる気を出して、一丸となって働いてくれるようになったのです。

それが、その後、増収増益を続ける会社の原動力となったのです。

人は誰しも、自分の「痛み」を理解しようとし、寄り添おうとしてくれる人に心を寄せるものです。そして、その「痛み」を和らげよう、解決しようと行動してくれたときには、お返しをしたいと思うものです。そんな思いが集まったとき、大きな「力」が生まれるのです。

だから、「痛み」を知る人は強いのです。

世紀の発明の源となった「痛み」

考えてみれば、近代日本の工業化を推し進める原動力となったのも「痛み」だったように思えます。

現在のトヨタグループの創始となった豊田佐吉がそうです。

彼も、幼いころから苦労をしました。

貧しい大工の家に生まれたのですが、父親は家にお金を入れない人だったそうです。そのため、母親は家計を支えるために内職をしなければなりませんでした。毎日朝から夜中まで機織《はたおり》に精を出したのです。まるで奴隷であるかのようでした。

貧しかったために中学校へ進学できなかった佐吉は、父親のあとを継いで大工を始めましたが、十八歳のころ、「教育も金もない自分は、発明で社会の役に立とう」と決意します。そして、自宅の納屋に閉じこもって織機《しょつき》の改良を始めたのです。そこには母への思いがありました。

幼いころから奴隷のように働き続ける母親を少しでも楽にしてあげたい。母親を「痛み」から解放してあげたいという願いです。

そのころの生活は極めて苦しかったようです。朝から晩まで毎日毎日こつこつ織機をつくっては壊す、つくっては壊す、その繰り返しでした。工学の知識があるわけでもなく、大工仕事の延長でしたからヤマのように失敗しました。

周りの人々からは、狂人扱いされたといいます。先祖から受け継いだ田畑を売り減らして、発明につぎ込んでいるのですからやむをえなかったでしょう。なかには、佐吉をあしざまに言う人もいたようです。

そんななかようやく出来上がった自動織機でしたが、二年半もの間、一台も売れませんでした。製品の出来はよかったのですが、とても高価でしたし、当時の社会には女性の労働を楽にするために設備投資をするという考え方がありませんでした。

しかし、佐吉はあきらめませんでした。なぜなら、この織機を普及させれば、「もう誰も母親のような苦労をしなくて済む」という切なる思いがあったからです。

そして、あるとき世間も気づきます。

「佐吉の織機を使えば品質が安定する。納期も守れるし、二十四時間運転できるから量産も可能だ。皆でお金を出し合って共有すれば、地域の財産になる」

そう言い始める人が現われ、地域一帯で「豊田織機を買う運動」が巻き起こるのです。それは、あっと言う間に日本中に広がっていきました。そして、とても豊田織機だけでは生産が追いつかない状況になり、その結果、次々と同じような会社が誕生していき、日本の工業化を進める起爆剤《きばくざい》となっていったのです。

佐吉は優れた発明家であり技術者でした。しかし、彼をそのような存在に育て上げたのは「痛み」だったのです。

幼い佐吉にとって母親の「痛み」は自分の「痛み」のように感じられたはずです。その「痛み」をなんとかして取り除いてあげたい。その強い思いこそが、世紀の発明を生み出したのです。

「痛み」とは恵みである

佐吉が亡くなったのは今から遡《さかのぼ》ること約八十年、一九三〇年のことです。その後、第二次世界大戦、高度成長期、バブル期……と長い長い時間が過ぎました。この間、佐吉が礎《いしずえ》をつくった工業社会は繁栄を極めました。

しかし今、私たちは、モノが溢れながら、多くの人が幸福感を得られない時代を生きています。競争ばかりが強調され、ギスギスした空気のなか、言いようのない不安感が社会を覆いつくしています。

なぜ、こんなことになってしまったのか。

もちろん、そこには複雑な要因がからんでいるでしょう。しかし、私には、私たちが「痛み」に寄り添う気持ちを失ってしまったことも、大きな要因になっているように思えてなりません。

今こそ、私たちは原点に戻るべきではないでしょうか。

佐吉の人生を支えた「痛み」に思いをいたすべきではないでしょうか。

その意味では、キシ・エンジニアリングの岸征男さんや、ハッピーおがわの小川意房さん、そして、中村ブレイスの中村俊郎さんたちこそ、佐吉の心を受け継ぐ者と言えるのかもしれません。

なぜなら、皆さんの言動の根源に痛切な「痛み」があるからです。

岸さんは、脳障害に苦しむ娘さんとご家族の「痛み」を取り除いてあげたかった。福祉衣料の開発に取り組んでいる小川さんの創業のきっかけは、「寝たきりの祖母のために」という思いでした。そして、約十五年前にはご自身が末期の直腸がんを患い「死の宣告」を受ける経験もされています。そして、奇跡的に命を取り留めたとき、小川さんは「おかげで本当に〝何もできないゼロの状態〟の人たちの視点で商品をつくることができるようになった」とお考えになるのです。

中村ブレイスは、日本でいちばん過疎化が進んでいると言われる島根県の大森町にある義肢装具の製造会社です。中村さんは、アメリカの企業で修行を積んだ人物です。活躍する場所はいくらでもあったはずです。なのに、なぜそんな辺鄙《へんぴ》なところで創業したのか？　それは、寂れゆく故郷を放っておけなかったからです。そこに暮らす仲間の「痛み」を放っておけなかったからです。そして、自社だけではなく地域全体の活性化をしながら、世界中の障害を抱えた貧しい人たちに貢献する仕事を続けているのです。

このような考え方ができる方々だからこそ、本当に困っている人たちにとって、「なくてはならない商品」を生み出し続けることができるのです。そして、だからこそ、大きな利益は得られなくとも、多くの人々に支えられながら確かな人生を歩まれているのです。

「痛み」は誰もが避けたいものです。

しかし、「痛み」を経験するからこそ、人の「痛み」を思いやる心、すなわち「利他の心」をもつことができるのです。そして、「利他の心」こそが私たちに「力」を与えてくれるのです。

その意味で、「痛み」とは恵みなのかもしれません。

人生でいちばん大切なことを知りなさい。

15

かけがえのない魂のあり様

「苦労は買ってでもしろ」と昔の人はよく言ったものです。

この歳になって、この言葉がいかに真実を語っているかを実感します。それは、これまで書き綴《つづ》ってきた「本物の強者」の生き様からもご理解いただけるのではないでしょうか。もちろん、大切なのは苦労の大小ではありません。私たち一人ひとりが経験する「苦労」や「痛み」を心の肥やしにする姿勢こそが大切なのです。

その心は、小さな子どもも兼ね備えています。

それは、福島県郡山市にある菓子店・柏屋が、五十年以上にわたって二か月に一回のペースで発行し続けている『青い窓』という詩集を読めばわかります。

この詩集は、地域の子どもの書いた詩をまとめたもので、柏屋さんのお店に置かれているほか、全国の会員にも配布されています。「詩を通じて心根のやさしい子どもたちを育てたい」という願いを込めて発行を始めたものです。

初代編集長は佐藤さんという今は亡き詩人です。佐藤さんは十四歳のころに鉄棒の事故で片目の視力を失い、その後、残された片目までも少しずつ見えなくなっていき、二十六歳のときに全盲《ぜんもう》になってしまわれました。
佐藤さんが両目を完全に失明する一週間前に詠《よ》んだ短歌を見せていただいたとき、私は思わず涙がこぼれました。お見舞に来てくれたお母さんが帰られてから詠んだそうです。

「母そはの　母の御顔の見納めと　残る視力を凝らし見守る」

このような詩を詠まれる佐藤さん、そして、その遺志を受け継ぐ現編集長・橋本陽子さんが選ぶ子どもたちの詩には、尊い命が込められています。
私が大好きな詩があります。ぜひ、読んでみてください。

おじいちゃんの死　　**小学校六年　河合謙介**

お父さんの背中が
とても小さく見える。

みんなが帰ってしまった家で
おじいちゃんのお骨の前で
お父さんは　泣いていた。
人前では
なみだ一つ見せなかったのに。

秋晴れの火葬場だったっけ。
あの、おじいちゃんの独特の笑い声。
あの　たばこくさい体。
おじいちゃんは
きっと散歩に行ってるんだ。

歯をくいしばっても
なみだが出る。
おれは男だ

と思っても
なみだが出る。
大人はなんで
酒飲んだりして
どんちゃん騒ぎをするんだ。
人、一人、死んだんだぞ。
お母さんなんか
目も鼻もまっ赤で
声も出ないんだぞ。

あれから一週間たった
今日、ぼくは
市民ホールへお使いを頼まれた。
どこかのおじいさんが
自転車の荷台に

大きな荷物を載せようとしていた。
風が強くて荷物があおられる。
自転車がたおれそうだ。
ぼくは
思わずかけ寄って手伝った。

いかがでしょうか？

私は、ここに人としてかけがえのない魂のあり様を感じます。

大好きなおじいちゃんを亡くした彼は、とても悲しかったけれど涙を一生懸命こらえようとします。お父さんやお母さんの気持ちを思いやる心をもっています。そして、彼は、見ず知らずのおじいさんを思いやって、思わず駆け寄るのです。

この〝思わず〟という心。これこそ「利他の心」です。そして、その心は大好きなおじいちゃんを亡くすという悲しみのなかで育《はぐく》まれていったのです。

人の命はいつか失われる。それがいかにかけがえのないものか。そして、遺《のこ》された家族はどんなに悲しみを感じることか……。きっと、そんなことを彼は心の奥深いところで理解したのではないでしょうか。だからこそ、見ず知らずのおじいさんにも力を貸したいと願う「思いやり」が生まれたのです。これこそ、私たち人間が持ちうるもっとも尊い心の働きのひとつだと思わされるのです。

私が大好きな詩をもうひとつだけ紹介します。

私の席

小学校五年　横山育

バスに乗っていました。
おばあさんが乗ってきました。
私の席のすぐ前の席に座っていた
ポニーテールの女の人が、
「すぐ降りますので……」といって席をゆずりました。
でもその女の人は次の停留所でも、
その次の停留所でもバスを降りませんでした。
私は胸が一杯になり、

いつもの停留所のひとつ前の停留所で
バスを降りました。
あのポニーテールの女の人、
私の席にすわってくれたかなあ……。

こちらも、心根の優しさを伝える詩ですね。

素敵なエピソードがあります。私がこの詩をさまざまな機会に紹介していることを知った橋本さんが、あるとき私に連絡をくださったのです。「『私の席』を書いた〝あの子〟が結婚され、今度はそのお子さんが『青い窓』に投稿してくれたんですよ」と……。そのときの感動は、今も忘れることができません。

父の苦しみ

『青い窓』には、このような無垢《むく》な詩がたくさん詰まっています。それを読みながら、私も自らの幼少の記憶が蘇《よみがえ》りました。

私が生まれたのは終戦から二年後の一九四七年のことです。生まれ育った静岡県志太郡（現在の焼津市）は、田園風景が広がるのどかな土地でした。

しかし、家庭には戦争の影が落ちていました。私の亡くなった父は、中国で終戦を知りました。それまでおよそ四年間、中国の戦場の最前線で生きるか死ぬかの激戦を生き抜いてきました。そして、終戦後、命からがら祖国に帰ってきたのです。

戦場での経験は過酷《かこく》そのものだったようです。子どものころに見せてくれた、お腹や脚に鉄砲玉を受けた傷は今でも鮮明に覚えています。そして、「二度と戦争をやってはいけない」と優しく語りかけてくれたものです。

その後、父は資格をとり、静岡県立の専門学校で簿記・会計の教員となりました。しかし、戦争で受けた身体中の傷は徐々に父親の身体を蝕んでいきます。そして、私が小学校四年のとき重い肺結核と診断され、当時唯一の専門医のいた日赤静岡病院に入院しました。

病状は深刻でした。助かる確率数%という大手術で、片肺を全摘《ぜんてき》しなければならなかったのです。子ども心に、戦争で癒《いや》しがたい傷を負った父が、さらなる苦しみを引き受けなければならないことに心が痛んだものです。母も必死でした。毎日、凍《い》てつくような寒さのなか、近所のお宮さんでお百度参りを続けていました。

父も頑張りました。中学三年の姉、私、そして小学校一年の弟（私の二歳上の兄は、原因不明の病でかわいい盛りの四歳のときに亡くなりました。ですから、残念ながら、私には記憶がまったくありません）を遺して「死んでなるものか……」との強い思いがあったのでしょう。その気力で、なんとか手術を乗り切ったのです。

しかし、入院期間は一年半以上に及びました。

私の家は兼業農家で、自家消費分程度だけでしたが農業をしていました。ですから、長男の立場にあった私は田畑に出て働かなければなりませんでした。毎日、学校が終われば一目散《いちもくさん》に家に帰り田んぼや畑に出ます。当時は、今日のように農機具もなかったので、子どもにとってはたいへんな重労働でした。友だちが楽しそうに遊んでいるのを横目に汗を流す日も少なからずありました。

しかし、誰かが家族を支えなければなりません。だから、家族のために働くのは、そのころの私にとって当然の生き方だったのです。

家族を思う気持ち

そのような毎日を送っていた私は、同級生のなかでは大人びたほうだったかもしれません。しかし、ときに心細い思いになることもありました。今も忘れることのできない思い出があります。

それは、父が入院している日赤病院に、週に一～二回、洗濯物を届け、汚れた着物を自宅に持ち帰るために通ったときのことです。着替えなどがいっぱいに入った大きな袋を背負って、たった一人で片道二時間をかけて通ったものです。

自宅近くの駅から今は廃線になった汽車に乗って藤枝駅まで行き、そこから国鉄（現ＪＲ）に乗って静岡駅まで出ます。今では自宅から四十分ほどですが、当時は乗り換え時間も長く一時間三〇分くらいかかりました。そこから日赤病院まで歩いていくのですが、大人の足なら十五分のところを三十分ほどもかけてテクテクと歩いていきました。ただただ、やせ衰えた身体で喜んでくれる父親の姿が心の支えでした。今でも、目をつむると、「ありがとう。よく来たな……」と出迎えてくれる父の姿と、その瞬間にホッとして駆け寄りたくなる気持ちが蘇《よみがえ》るようです。

自動販売機などない時代です。病室で父がつくってくれた温かいスキンミルクの味は、今でもよく覚えています。私は〝午後の紅茶〟を好んで飲むのですが、その味が冬の寒い日にお見舞に行ったときに父がつくってくれた味とそっくりなのです。

いちばん寂しかったのは、その帰り道でした。日は沈み、外は真っ暗で、寒かった。汽車に乗り込むと、お父さんと一緒に座っている同年代の子どももいました。その幸せそうな様子を見つめているとなんとも言えない切ない思いがしたものです。いろんなことが脳裏《のうり》をよぎりました。父の健康のこと、苦労している母のこと……。「なんとか家族の力にならなければ」。そう思う一方で、「なぜ、こんな思いをしなければならないんだろう」という気持ちも湧き上がってきました。そして、せめて、幼い弟にはこんな思いをさせないようにしなければと思ったものです。

車内を見渡すと、そこにはさまざまな人々が乗り合わせていました。疲れ切って眠っている人、新聞を読んでいる人、じっと宙を見詰めている人……。皆、どんな生活を送っているのだろう。幸せだろうか。それとも、自分と同じようなつらさを胸に抱えているのだろうか……。そんなことをとりとめもなく考えたものです。

思えば、このときの思いが私の原点になっているのかもしれません。誰もが家族を愛しています。そして、誰もが、家族の悲しんでいる姿や苦しんでいる姿は見たくないはずです。家族が幸せであること。それが何よりもかけがえのないことです。

子どものときに、そんな思いを心に刻んだからこそ、大人になった私は、煤だらけになって働く中小企業の社長夫妻や従業員の皆さんの力になりたいと思ったのではないかと思います。あるいは、まるで自分の家族であるかのように社員やその家族、さらには取引先の社員の家族をも大切にしたいという、「利他の心」溢れる方々の生き様に心を寄せてきたのではないかと思うのです。

しかし、どうでしょう？　現代の日本は、そのような心を忘れてしまったかのようです。「家族を思う気持ち」がどれだけ軽く扱われていることでしょうか。「経済第一主義」「利益第一主義」「お金第一主義」が標榜《ひょうぼう》され、まるで戦争のような企業間競争に明け暮れ、そこで働く人々がいちばん大切にしているものを犠牲にして省みない。そんな社会になってしまっているように思えてなりません。

そして、多くの人々が自分の本当の気持ちに蓋《ふた》をして、そんな社会を生きていくために身を削るように働いています。「負けてはならない」「勝ち組にならなければ」、なかには「人を蹴落《けお》としてでも生きていかねばならない」と思いつめている人もいます。そして、心をすり減らし、疲れ果ててしまうのです。これこそ、日本を覆う閉塞感の正体なのかもしれません。

もちろん、「経済」も「利益」も「お金」も大切です。しかし、それらは私たちの生きる目的にはなりえません。私たちがいちばん大切にしているのは、そんなものではないからです。だから、心に蓋をしてはいけません。自分がいちばん大切にしているものを取り戻してほしい。そして、それを大事にして生きてほしいのです。

感動の涙が教えてくれること

では、心の蓋はどうすれば取り除けるのでしょうか。

簡単です。感動の涙を流すのです。そのとき、私たちは、自分が本当に大切にしているものが何なのかをはっきりと理解することができます。

私が、ゼミの学生たちを必ず連れて行く場所があります。

鹿児島県知覧《ちらん》にある「知覧特攻平和会館」です。

知覧は、第二次世界大戦末期に数多くの若者が敵艦へ突撃するために飛び立っていった土地です。飛行機の胴体の下に、二五〇kg、あるいは五〇〇kg爆弾をつけて、片道だけの燃料で飛び立ち、二度と帰ってくることはありませんでした。

特攻隊の隊員のほとんどは、十七歳から二十二歳くらいの若者でした。その多くが、郷里に父母、妻、子どもを残して知覧に集結してきました。そして、わずかの滞在ののち死地へと赴いたのです。

平和会館には、その隊員たちの遺品が展示されています。出撃前夜の手紙や日記、遺言や辞世の歌……。それらを読むうちに、誰もが涙を抑えられなくなります。それは、日々、ビジネスの最前線で戦っているゼミの学生たちも同じです。

平和会館を訪問した夜、私たちは食卓を囲みながら一人ひとり感想を述べ合います。皆が、まるで子どものように泣きじゃくりながら話します。そして、日常のなかで忘れていた大切なことをもう一度確認するのです。そのとき、彼らの心の蓋は綺麗に取り払われています。

特攻隊員が遺した言葉はどれも心深く響いてくるものばかりです。その中から、あえて二つを選んでご紹介しましょう。

遺書
母を慕いて

母上お元気ですか
永い間本当に有難うございました
我六歳の時より育て下されし母
継母とは言え世の此の種の女にある如き
不祥事は一度たりとてなく
慈しみ育て下されし母
有難い母　尊い母

俺は幸福だった
遂に最後迄「お母さん」と呼ばざりし俺
幾度か思い切って呼ばんとしたが
何と意志薄弱な俺だったろう
母上お許し下さい
さぞ淋しかったでしょう

今こそ大声で呼ばして頂きます
お母さん　お母さん　お母さんと

二一歳　内村重二

遺書

正憲、紀代子へ

父ハスガタコソミエザルモイツデモオマエタチヲ見テイル。ヨクオカアサンノイイツケヲマモッテ、オカアサンニシンパイヲカケナイヨウニシナサイ。ソシテオオキクナッタナレバ、チブンノスキナミチニス、ミ、リッパナニッポンジンニナルコトデス。ヒトノオトウサンヲウラヤンデハイケマセンヨ。「マサノリ」「キヨコ」ノオトウサンハカミサマニナッテ、フタリヲジット見テイマス。フタリナカヨクベンキョウヲシテ、オカアサンノシゴトヲテツダイナサイ。オトウサンハ「マサノリ」「キヨコ」ノオウマニハナレマセンケレドモ、フタリナカヨクシナサイヨ。

父ヨリ

二一歳　国吉秀俊

私が何かを語る必要はないでしょう。ただ、極限状態のなかで家族を思い、いたわり、愛する、その切なる思いに心を打たれるばかりです。

なぜ、私たちは心を打たれるのでしょうか。

それは、私たちも特攻隊員と同じ気持ちをもっているからです。家族への愛情こそ、人生でいちばん大切なものだと思っているからです。そして、その大切なものを失わなければならない特攻隊員の悲哀を思うからです。

そのとき、私たちは「経済」「利益」「お金」がいかにちっぽけなものかわかるはずです。あるいは、「勝ち負け」「損得」などもつまらないことだとわかるはずです。

そして、自分が大切に思っていることを、すべての人も同じように大切に思っているということが理解できるはずです。

そのことに気づくことさえできれば、私たちは「利他の心」を取り戻すことができます。そして、この「利他の心」こそが、私たちに「本物の強さ」を与えてくれるのです。

あとがき

死への恐れはありません。私にとって、死とは「お別れ」ではなく、「永い眠り」につくことです。そして、せめて社会に価値あるものを遺せれば、安らかな気持ちで眠りにつくことができるに違いありません。人間とは、そういう目標をもっていれば、強く生きることができるのではないでしょうか。

これは、日本理化学工業の大山さんの言葉です（『利他のすすめ』WAVE出版）。これを読んで、私ははじめて大山さんにお会いしたときのことを思い出しました。会社に伺う前に目にしたお写真では、険しさも感じさせる表情をされていました。知的障害者雇用が国の政策になる前から取り組まれてきた方です。語りつくせぬご苦労をされてきたはずです。心無い誹謗中傷を受けたこともあったと聞いています。

ところが、実際にお会いすると、まるで菩薩《ぼさつ》のような方でした。そして、その後、お付き合いさせていただくなかで、ますます柔和なお顔になっていかれたように思います。そのお顔を見つめながら、人生というものを思わずにいられませんでした。人間とは、苦しくとも気高い理想を胸に歩み続ければ、最後には「幸せ」を手にすることができる。ごくごく普通の生き方を、曲がらず、ぶれずに、雨をも穿《うが》つように続ければ、いつか自分の人生に満足することができるのだ――。

私の父親は、第二次世界大戦の中国戦線で深手を負い、帰国後には重い肺結核に苦しみました。しかし、学校の先生として学生たちに慕われていました。夏休みや正月になると、卒業生、在校生を問わず数多くの人が父親を訪ねてきたものです。それは、「幸せ」な人生だったと思います。私も、そのような人に愛される、世のため人のためになる人生を全うしたいと願っています。

本当に強い人が最終的に手にするのは「勝利」ではなく、「幸せ」です。ああ、いい人生を送ることができたという「幸せ」なのです。

本書が、読者の方々がそんな人生を送るひとつのきっかけになれば幸いです。

坂本光司

二〇一二年二月

坂本光司　さかもと・こうじ

1947年（昭和22年）静岡県焼津市（旧志太郡大井川町）生まれ。法政大学経営学部卒業。公共産業支援機関での勤務を経て大学教員になる。2008年4月より法政大学大学院政策創造研究科教授、同大学院静岡サテライトキャンパス長。他にNPO法人オールしずおかベストコミュニティ理事長など公職を歴任。これまでに6600社を超える中小企業を訪ね歩き、数多くの経営者・従業員の生き様に触れてきた。『日本でいちばん大切にしたい会社1〜3』『経営者の手帳』（あさ出版）、『ちっちゃいけど、世界一誇りにしたい会社』（ダイヤモンド社）など著書多数。

強く生きたいと願う君へ

2012年3月2日　第1版第1刷発行　　定価（本体1400円＋税）

著　者　坂本光司

発行者　玉越直人

発行所　WAVE出版

〒102-0074　東京都千代田区九段南4-7-15
TEL：03-3261-3713　FAX：03-3261-3823
振替　00100-7-366376
E-mail：info@wave-publishers.co.jp
http://www.wave-publishers.co.jp/

印刷・製本　中央精版印刷

ISBN978-4-87290-536-6